Paul Schulze

Das Dresdner Volksschulwesen im 18. Jahrhundert

Paul Schulze

Das Dresdner Volksschulwesen im 18. Jahrhundert

ISBN/EAN: 9783955642891

Auflage: 1

Erscheinungsjahr: 2013

Erscheinungsort: Bremen, Deutschland

@ EHV-History in Access Verlag GmbH, Fahrenheitstr. 1, 28359 Bremen. Alle Rechte beim Verlag und bei den jeweiligen Lizenzgebern.

Das Dresdner Volksschulwesen im 18. Jahrhundert.

Nach den Quellen des Dresdner Ratsarchives

bearbeitet von

Paul Schulze,
Schuldirektor in Dresden.

□ 1906. □   Preis 1,25 ℳ.

 Verlag von O. & R. Becker in Dresden.

Seinem Schwiegervater

Herrn Schuldirektor a. D. Otto Siegel

in Dresden

gewidmet.

Vorwort.

Vorliegendes Schriftchen ist der Ausbau eines Vortrages, den ich vor Jahren im Verein für Geschichte Dresdens über „die Neubegründung des Dresdner Volksschulwesens zu Beginn des achtzehnten Jahrhunderts" hielt. Die Darstellung ist nach Maßgabe der vorhandenen Quellen keine lückenlose; ich sah aber davon ab, vorhandene Lücken durch Heranziehung von Analogien aus anderweit bekannten Verhältnissen auszufüllen. Eine Geschichte unseres hochentwickelten sächsischen Volksschulwesens ist noch nicht geschrieben. Wohl finden sich einzelne, auf Quellenmaterial fußende Monographien; ich erwähne nur, ohne auf Vollständigkeit Anspruch zu machen, die Abhandlungen von: Börner, Die Entwicklung des sächsischen Volksschulwesens im achtzehnten Jahrhundert. E. Borott, Die Geschichte des Schulwesens der Lausitz, insbesondere der Stadt Löbau. Däbritz, Zur Geschichte der ehemaligen Katecheten= und Kinderlehrschule in der Diözese Grimma. Fritzsche, Geschichte des Oschatzer Schulwesens. Gehmlich, Die städtischen Lateinschulen des sächsischen Erzgebirges im sechzehnten Jahrhundert. Hantzsch, Die Geschichte der Plauenschen Schule. Helm, Geschichte des städtischen Volksschulwesens in Leipzig. Möckel, Die Entwicklung des Volks= schulwesens in der ehemaligen Diözese Zwickau. G. Müller, Die Anfänge des deutschen Schulwesens in Dresden. J. Müller, Die Anfänge des sächsischen Schulwesens. Stephan, Urkundliche Beiträge zur Praxis des Volksschulunterrichts im achtzehnten Jahr=

hundert. Zesch, Das Leisniger Stadtschulwesen. Hierher ist auch zu rechnen: Leuschke, Zur Geschichte der Lehrerbildungsfrage im Königreich Sachsen. Die Namhaftmachung dieser Werke zeigt, daß für eine Geschichte des sächsischen Volksschulwesens schon einiges Material vorhanden ist.

Noch liegt in den Archiven der Stadt= und Dorfgemeinden manch vergessenes Aktenstück, das von der Vergangenheit der säch= sischen Volksschule erzählen könnte. Möchten diese Zeugen aus vergangenen Zeiten bald hervorgeholt werden zum Ausbau einer Geschichte der sächsischen Volksschule, einer Geschichte, die zeigen wird, daß sich der sächsische Volksschullehrerstand seiner Vergangen= heit nicht zu schämen hat; denn diese Vergangenheit war eine Zeit harter Arbeit, eine Zeit gerechten Kampfes eines sich langsam emporringenden Standes gegen unsägliche Widerwärtigkeiten.

Dresden, Weihnachten 1905.

P. Schulze.

Inhaltsverzeichnis.

	Seite
I. Überblick über das Dresdner Volksschulwesen im sechzehnten und siebzehnten Jahrhundert.	1
II. Die Triersche Schulstiftung. Die Begründung der Armenschulen durch Löscher	6
III. Die äußere Organisation der Armenschulen	11

Die vorgesetzten Behörden — Anstellungsprobe — Einweisung — Lehrer — Vorbildung — Besoldung — Vertretnng — Kündigung — Pension — Lehrerinnen — Schüler — Schülerlisten — Aufnahme — Dauer des Schulbesuches — Schulentlassung — Prüfungen — Ferien — Schulgeld — Schulräume und ihre Ausstattung — Lehrbücher für Schüler und Lehrer.

IV. Die innere Organisation der Armenschulen	26

Löschers Instruktion als Lehrplan — Stundenpläne — Kreußigs Demonstratio didactica — der Betrieb des Religionsunterrichtes, des Lesens, Schreibens und Rechnens — Schulversäumnisse — Schuldisziplin — Löscher als Pädagog.

V. Die Schule des Waisenhauses — die Schule der böhmischen Gemeinde — Garnisonschulen — das Ehrlichsche Gestift — Katholische Schulen	40
VI. Die Entwicklung der Dresdner Volksschule nach Löscher bis zum Ende des achtzehnten Jahrhunderts.	42

Die Polizeischule — die Industrieschule — die Privatschule — der Einfluß der Landesgesetzgebung — Schulzwang — Geistliche Schulaufsicht.

VII. Rückblick — Ursachen des geringen Fortschrittes	52

Beilagen.

A. Löschers Instruction vor die Praeceptores der Armen=Schulen 1710	59
B. Die Schulproben zu Leubnitz 1724 und 1786	61

	Seite
C. Bewerbungsschreiben von Informatoren aus den Jahren 1713 und 1715	66
D. Schreiben der Armenschullehrer, Bitte um Gehaltszulage betreffend. 1713	70
E. Kreußigs Demonstratio didactica. 1713	71
F. Ein Schulgebet Löschers	80
G. Revisionsbericht des Magisters Heße vom Jahre 1735	81
H. Aus Löschers: Die merkwürdigen Werke Gottes	83
J. Die Ordnung im Waisenhause um 1726	87
K. Geißlers Stundenplan vom Jahre 1711	89

I.

Überblick über das Dresdner Volksschulwesen im sechzehnten und siebzehnten Jahrhundert.

Der 21. Dezember des Jahres 1539 kann als der Geburtstag des Dresdner Volksschulwesens bezeichnet werden. Nachdem auf Veranlassung Herzog Heinrichs des Frommen in der Zeit vom Juli bis September 1539 durch Melanchthon, Justus Jonas, Dr. Melchior von Creutz, M. Georg Spalatin, Christoph von Hopfgarten und Rudolph von Rechenberg eine Kirchenvisitation für das gesamte Herzogtum „in Eile" abgehalten worden war, fand am 21. Dezember desselben Jahres eine zweite Visitation statt, die sich lediglich auf Dresdner Verhältnisse erstreckte; sie währte nur einen Tag, ist aber insofern für uns von nicht geringer Bedeutung, als sie für Errichtung deutscher Schulen Sorge trug, denn unter Punkt 8 der Beschlüsse wurde festgesetzt: „Ein Rat soll auch verordnen, das tzwo deutzsche Schuelen, eine vor die Megdtlein, die ander vor die Kneblein bestalt, vnd durch sie versorget werden."[1]

Damit ist die Volksschule in Dresden offiziell begründet. Der Mädchenschule wird das Seelhaus eingeräumt; wohin die Knabenschule verlegt wird, darüber verlautet nichts.[2] Im sechzehnten und siebzehnten Jahrhundert fließen die Nachrichten über die deutsche Schule in Dresden sehr spärlich. Die Beschwerden der vom Rate konzessionierten deutschen Schulmeister und der Lehrer der drei Lateinschulen, die Knaben auch in den Elementen des Lesens, Schreibens und Rechnens unterrichten, über die unliebsame Konkurrenz der sogenannten Winkelschulmeister sind die

---

[1] Dresdner Rats=Archiv (D. R.=A.) A II 66.

[2] Zum Knabenschulmeister wird der „alte deutzsche" Schreiber (alt in der Bedeutung von ehemalig, früher) ernannt. Daraus geht hervor, daß schon eine sogenannte Schreib= oder Beischul bestanden hat; diese private Veranstaltung wird nunmehr Ratssache. Das Jahr 1539 bleibt somit auch für die Knabenschule das der offiziellen Eröffnung. (Müller, Die Anfänge des deutschen Schulwesens in Dresden. Archiv f. Sächs. Gesch. Bd. 8.)

hauptsächlichsten Quellen, aus denen wir einige Kenntnis über die Verhältnisse der deutschen Schule damaliger Zeit schöpfen können. Durch die Reformation war das Recht, Schulen zu errichten, von der Kirche an den Staat, beziehentlich die Gemeinde übergegangen. Hatte früher die Kirche aus verschiedenen Interessen die Gründung von Schulen mit aller Macht hintenangehalten,[1] so entwickelt sich jetzt das Schulehalten zu einem Erwerbszweig, der von Berufenen und Unberufenen eifrig kultiviert wird. Schon sechzehn Jahre nach der Einführung der Reformation in Dresden, im Jahre 1555, wird von den vom Rate konzessionierten Schulmeistern bittre Klage geführt über drei Winkelschullehrer in der Wilsdruffer Vorstadt, vor dem Ziegeltore und in der Pirnschen Gasse. Der Rat aber verweist die Petenten dahin, daß „schreiben und rechen eyne freie kunst", also nicht den Schranken der Zunftgesetze unterworfen sei.[2] Er berücksichtigte jedenfalls auch den Umstand, daß zeitweilige Überfüllung der Volksschulen, sowie die weite Entfernung derselben von einzelnen Stadtteilen das Entstehen neuer Schulen wünschenswert erscheinen ließe. Nur wo sittliche Bedenken gegen neuauftretende Informatoren vorliegen, greift der Rat rücksichtslos ein, wie das Einschreiten gegen Michael Faber beweist, dessen Mutter umsonst eine Spende von 30 Gulden für den Gotteskasten anbietet, wenn man ihrem Sohne das Unterrichten von Mädchen gestatte.[3]

Der dreißigjährige Krieg mit seinen Folgen unterbrach die Entwicklung der deutschen Schule in Dresden. Er hatte die Finanzen der Stadt so geschwächt, daß um das Jahr 1659 selbst die Besoldung der Kirchen- und Schuldiener auf sieben Vierteljahre in Rückstand blieb.[4] Die vom Rate 1539 errichtete Knaben- und Mädchenschule scheinen sich gehalten zu haben; eine Dresdner Chronik berichtet 1680: „Nach erfolgter Kirchen-Veränderung hat der Rat noch zwei Schulen, als eine Deutsche Schreib- und Rechenschule vor die Knaben und dann eine abgesonderte gemeine Schule für die Mägblein anrichten laßen, welche beyde denn bißher von E. E. Rat von denen dazu geordneten Inspectoren und gewiedmeten Einkünfften erhalten, unterhalten und mit dazu gehörigenen Leuten zum Unterricht der Jugend jederzeit wohl versorget werden."[5] Die den zünftigen Schulhaltern geschaffene Konkurrenz ist übermäßig groß geworden; sie erwirken 1655 eine besondere „Churfürst-

---

[1] Der Erzbischof Philipp von Köln verbot zu Beginn des sechzehnten Jahrhunderts in der Diözese Minden die Errichtung einer Schule an Orten ohne Stiftskirche als unvernünftig und schädlich. Jürgen Bona Meyer, Luther als Schulbefreier. Deutsche Zeit- u. Streitfragen. Jahrg. XIII, S. 164.

[2] Georg Müller, a. a. O. S. 285.

[3] Ebenda S. 286.

[4] O. Richter, Verwaltungsgeschichte der Stadt Dresden. II. Abt. S. 50.

[5] Der Chur-Fürstlichen Sächsischen weitberuffenen Residenz- und Haupt-Vestung Dresden Beschreib- und Vorstellung. Nürnberg a. 1680.

liche Konstitution Von Winkelschulen", die dem Übel nähertritt.¹ Es werden sogar religiöse Motive herbeigezogen, um gegen den unlauteren Wettbewerb einschreiten zu können. Wie wenig aber diese Anordnungen das Übel beseitigen konnten, zeigt ein Ratsprotokoll vom 2. November 1671, das unter der Überschrift „Nomina Citandorum" nicht weniger als zweiundfünfzig vor den Rat geforderte Winkelschulmeister aufzählt.² Es ist interessant, dabei zu erfahren, daß sich Abraham Richter verteidigt, „er lernte nur Teutsch schreiben und lesen und wenn die Kinder die Grammaticam lernen sollen, wiese er sie in die Stadtschule."³ Wir sehen hier, wie der deutsche Schulmeister allmählich den Anfang macht, das bisher von den Lateinschullehrern mitverwaltete Gebiet des Elementarunterrichts für sich in Anspruch zu nehmen. Die gleichzeitig vorgebrachte Beschwerde Martin Grahls, daß er die zwei von ihm begehrten Probeschriften bereits am 11. Oktober 1665 abgeliefert habe,⁴ läßt erkennen, daß der Rat auch von den Winkelschullehrern eine Art Befähigungsnachweis verlangte. Zur vollen Gewißheit wird das durch einen Bericht des Superintendenten Carpzow aus dem Jahre 1685.⁵ Carpzow hat auf Ansinnen des Rats den Gemeindeschreiber Vogt im Katechismus, Lesen, Buchstabieren und Rechnen geprüft und stellt darüber ein Zeugnis aus. Wir erkennen also, daß der Rat den Lehrer, ehe er ihm Konzession erteilt, einer Prüfung unterziehen läßt. Wie außerordentlich gering die dabei gestellten Anforderungen sind, geht aus dem Berichte des Pastors Kahl über die Prüfung der Anwärterin für die erledigte Mädchenschulmeisterinstelle hervor.⁶ Obgleich die Faberin

---

¹ Dresdner Rats-Archiv (D.R.-A.) B VII a 23. Acta, die Winkelschulen allhier betr. zu Alt- und Neu-Dreßden 1655. 56. 71. S. 158. Es heißt da: Nachdem durch die heimliche oder Winkelschull nicht allein den vom Rate verordneten Schulmeistern Ihre Nahrung etwas abgebrochen, sondern auch unter solchem Schein falsche und unreine Lehre in die Kinder eingeschoben und fortgepflanzt werden kann, Sollen jeden Ortes Obrigkeit mit allem Ernst und Fleiß daran sehen, damit solches keineswegs gestattet, sondern gänzlich abgeschafft und der Einwohner Kinder in die ordentliche wollbestellte sowie unverdächtige Schule gewiesen. Und da sich einer solcher Verordnung zuwieder Schule zu halten unterfangen würde, derselbe in gebührliche Strafe genommen werde.

² D.R.-A. B VII a 23 S. 43.

³ Ebenda S. 63.

⁴ Ebenda S. 48.

⁵ D.R.-A. B VIII 9b S. 16. Auff ansinnen E. E. Raths allhier habe ich Johann Vogten, Gemeinschreiber auf der Rammischen Gemeine allhier exploriret und befunden, daß er 1., in dem Catechismo wohl beschlagen auch auff befragen dessen erklärung dem Verstande nach wohl geben können, 2., in dem Lesen und Buchstabiren fertig, 3., was er im Schreiben praestiret, zeiget seine Handschrift, im Rechnen ist er 4., auch noch ziemlich versiret wie wohl es doch an der gewißheit ihm bey gegebenen exempel zu mangeln geschienen, welches ich hiermit attestiren wollen. Dreßden, am 12. Martii anno 1685. Carpzow, Sup.

⁶ D.R.-A. B VII b 8 S. 112. Kahl berichtet unter dem 24. Mai 1701, daß er die ihm von einem hochweisen Rate zugewiesene Pfarrerswittwe Auguste

im Rechnen ganz unwissend befunden wird, erhält sie doch die Stelle, allerdings mit dem Vorbehalt, „wenn Sie mit der Information nicht fortkommen könnte, eine andre anzunehmen."

Der Stand der deutschen Schule in Dresden um die Wende des siebzehnten Jahrhunderts läßt sich folgendermaßen feststellen. Drei Lateinschulen (die Kreuzschule, die Schule zu St. Annen und die Lateinschule in der Neustadt) vermitteln diejenigen elementaren Kenntnisse im Lesen, Schreiben und Rechnen, die für einen bürgerlichen Beruf erwünscht erscheinen.[1] Diese Schulen sind naturgemäß nur Knaben zugänglich. Man kann aber diese vom Baccalaureus oder Tertius, und wo dieser noch nicht vorhanden war, vom Kantor geleitete unterste Klasse nicht als Volksschule bezeichnen; neben der deutschen Fibel tritt der Donat auf; das Latein wird schon im ersten Schuljahre neben dem Deutschen betrieben; die Knaben, welche die Schule verlassen, nachdem sie sich die elementaren Kenntnisse des Lesens, Schreibens und Rechnens angeeignet haben, sind sozusagen nur Mitläufer der Lateinschüler. Als öffentliche, vom Rate unterhaltene, beziehentlich unterstützte Mädchenschule existiert noch aus der Zeit der Reformation her die Mädchenschule zu Neustadt.[2] Im übrigen sind die Kinder auf Privatunterricht in den Neben- oder Winkelschulen angewiesen, deren Leiter nach einer vor dem Superintendenten oder Pfarrer abgelegten Prüfung vom Rate konzessioniert werden. Auch diese Winkelschulen richten sich in ihren Anforderungen nach den Lateinschulen.[3] Neben diesen konzessionierten Privatschulen bestehen aber noch eine ganze Anzahl nichtkonzessionierter Winkelschulen und diese sind es, welche das Volksschulwesen der damaligen Zeit in einem überaus bedenklichen Lichte erscheinen lassen.

Katharine Faberin, die um die erledigte Mädchenschulstelle angehalten, „in principiis christianissmi et qualitatibus debitis tenerem juventutem informandi notdürftig examiniret und umb die christl. reine Lehre und Gebeth: Vergnüglich, im singen mäßig, im Buchstabiren und Lesen leidlich, im schreiben etwas ungeübt (wie aus Ihrer Unterschrift und Probe Schrifft erscheint), im Rechnen aber ganz ungenügend befunden.

[1] D. R.-A. B VII a 2. Wenn gedachte Knaben (die sich nach Gottes willen auff eine Kunst oder Handwerk zu legen gedenken) ihren Catechismum wohl inne haben, fertig lesen und schreiben, auch ein wenig rechnen können, dazu, was die Lateinische sprache anlanget, im Donat wohl gewieget seyen, so haben sie genug gelernet und können in Gottes nahmen zu derselben kunst und handwerk, wozu sie die beliebung trägt, gehalten werden. (Aus dem „Entworff einer verneuerten Schulordnung von J. A. Egenolffen, Correctore.)

[2] Die im Jahre 1691 abgebrannte Altstadt erhielt nach ihrem Wiederaufbau die Bezeichnung Neustadt. — Der Knabenschule wird in den Akten nie mehr Erwähnung getan; von ihrer Existenz erfährt man nur aus der schon erwähnten Chronik. Wahrscheinlich ist sie vom jeweiligen Knabenschulmeister auf eigne Rechnung geführt worden.

[3] D. R.-A. B VII a 23. Der Winkelschullehrer Christoph Kotter gibt unter dem 2. November 1685 an, daß er den Donat und neben dem deutschen auch den lateinischen Katechismus traktiere.

Als unter dem 22. Dezember 1698 der Rat die Winkelschulmeister aufforbert, „daß sie ihres Herkommens und was sie gelernet, ingleichen ihrer Religion und bisher geführten Lebens und Wandels glaubwürdige Kundschaft und attesta beybringen sollten", treten die unerquicklichsten Zustände zutage.[1]

---

[1] D.R.=A. B VIII 12b Bl. 6. Schubert aus Pirna ist bei der Accise gewesen und darauf drei Jahr erblindet — Da Richter wegen überkommener Schwindsucht Kriegsbienste nicht mehr leisten kann, informirt er Kinder — Satler, seines Zeichens Tuchmacher, hat im Krieg seine Gesundheit verloren — Lotter war früher Laquey und später Verwalter — Jhlmann, früher Verwalter, möchte gern etwas anderes anfangen, würde aber oft von Schlagflüßen befället, maßen er an der rechten Seite fast contract wäre, unterrichtet deshalb Kinder.

II.

Die Triersche Schulstiftung. — Die Begründung der Armenschule durch Löscher.

Da wird ein ganz besonders fühlbarer Übelstand der Anlaß, daß die deutsche Schule in ihrer Entwicklung einen guten Schritt nach vorwärts tut. Dieser Übelstand hatte seine Ursache darin, daß ein großer Teil der Kinder überhaupt keine Schule besuchte. Die Eltern waren entweder zu arm, das immerhin nicht geringe Schulgeld aufzubringen oder die Erziehungspflichtigen mochten die Kinder bei der häuslichen Arbeit nicht entbehren. Wohl hatten, diesem Übelstande abzuhelfen, einsichtige Bürger Stiftungen errichtet, „damit armen Kindern, welche das gewöhnliche Schuhl-Geld nicht aufbringen können, es an Gelegenheit in ihrem Christenthum und andern nöthigen Wissenschaften unterwiesen zu werden, nicht fehlen möchte."[1] Auch hielt der Pfarrer zu Neustadt jeden Mittwoch und Sonnabend von 1 bis 2 Uhr stiftungsgemäß ein Katechismusexamen, welches die Kinder besuchten, die sonst nicht Zeit zu regelmäßigem Schulbesuch hatten;[2] das alles aber waren nur Notbehelfe in Anbetracht der großen Zahl der Bedürftigen. Selbst das hochherzige Vorgehen des Königl. Polnischen und Churfürstl. Sächs. Hoff- und Justitienraths Johann Friedrich Trier, der „aus christlicher Bewegung umb armer Leuthe Kinder zur Erkändtnus Gottes und Christenthumbs behufflich anzuführen, ein gestiffte zu errichten sich vorgesetzet,"[3] konnte gründliche Besserung nicht schaffen. Trier errichtet im Jahre 1708 eine Mädchenschule. Von der Voraussetzung ausgehend, „ein löblicher Stadtmagistrat würde wohl das ihrige dazu contribuiren, zumahl sie ohne dies keine Mägdgen-Schule bey der Stadt hätten" (bezieht sich auf die nunmehrige Altstadt), kauft Trier ein Haus auf der Rasengasse neben der Badestube.[4] Der Rat baut das Haus für Schulzwecke aus;

---

[1] Hilscher, Etwas zu der Kirchen-Historie in Alt-Dreßden. 1721. S. 183.
[2] Ebenda S. 185.
[3] D. R.-A. DXXXVI Bl. 3b.
[4] Die jetzige große Kirchgasse.

der Senator Jenzsch schießt einen Teil zur Bausumme zu unter der Bedingung, daß er wie Trier der Schule eine gewisse Anzahl Freischülerinnen zuweisen und daß er, solange er beim Ratsstuhle sein werde, an der Inspektion über das Mädchenschulhaus teilnehmen dürfe. Der Rat hingegen verpflichtet sich, „die Information allezeit einem frommen, unberüchtigten Manne, bei dem das donum informandi und der also ein guter Catecheta sei, auch seinen Lehrlingen selbst mit gutem Exempel vorgehe, einer Frauen aber solch ein Amt niemals aufzutragen oder anzubertrauen." Er übernimmt die Verwaltung und Unterhaltung des Hauses; notwendige Reparaturkosten werden aus der Miete des dritten Stockwerkes bestritten. Als Informator wird ein gewisser Graupner angestellt: er erhält als Besoldung freie Wohnung im ersten Stockwerk und den Mietertrag des zweiten Stockwerkes, dazu die Erlaubnis, Privatunterricht zu erteilen. Das Schulzimmer wird in das Erdgeschoß gelegt, „damit täglich das publicum oder die vorbeygehenden sehen und hören könnten, daß die Schule fleißig gehalten und darinnen keine Üppigkeit den Kindern gestattet werde."[1]

Diese Triersche Armenschulstiftung wäre wie die vorhergegangenen Stiftungen wohl ohne größeren Einfluß auf die Entwicklung des Dresdner Volksschulwesens geblieben, wenn nicht um dieselbe Zeit die Trierschen Bestrebungen von andrer Seite her eine ungeahnte Förderung erhalten hätten. Im Jahre 1709 wurde Valentin Ernst Löscher als Pfarrer der Kreuzkirche, Superintendent und Assessor des Kurfürstlichen Oberkonsistoriums nach Dresden berufen. Löscher, am 29. Dezember 1673 zu Sondershausen geboren, hatte schon in jungen Jahren die Aufmerksamkeit der gelehrten Welt auf sich gezogen. Mit zwanzig Jahren bereits erhielt er einen Ruf als Professor an die Universität Wittenberg, später wurde er Pfarrer und Superintendent zu Jüterbogk und darauf Superintendent zu Delitzsch. In seiner jetzigen Stellung als erster Geistlicher der Hauptstadt des angesehensten protestantischen Staates war er in der Lage, ungemeinen Einfluß auf Kirche und Schule auszuüben. Es kann nicht unsere Aufgabe sein, Löschers Wirken als Theolog und Gelehrter zu charakterisieren; es soll hier nur versucht werden, darzulegen, wie Löscher als Begründer der

---

[1] Graupner erhält eine Instruktion, in welcher es heißt, daß er 1., denen Herren Inspectoribus allezeit gebührenden Respect erweisen und deren Anordnungen willigst zu folgen habe; daß er 2., die ihm und zu seiner Unterweisung anvertrauten armen Mägdlein, deren Anzahl doch über (hier fehlt die Angabe) nicht steigen soll, in der Schulstube unten im Hause alle Tage 4 Stunden und zwar 2 Stunden Vormittag frühe von 7 bis 9 Uhr den Sommer über und von 8 bis 10 Uhr den Winter über und Nachmittags von 2 bis 4 Uhr das ganze Jahr durch (außer Mittwochs und Sonnabends da es Nachmittags bey dem Herkommen bleibet) in der Gottesfurcht, Beten, singen, lesen und schreiben, auch nach Fähigkeit derselben im Rechnen treulich und fleißig umbsonst und ohne Abforderung einigs Geldes oder andrer Vergeltung, unter welchem praetext es sey, unterrichten und solche Stunden über unauggesetzt abwarten solle. — Die übrigen Punkte geben Hinweise über die Information selbst und über die Verwaltung des Schulhauses. D.-R.-A. D XXXVI. Bl. 12 bis 15.

Dresdner Armenschulen der Reorganisator des Dresdner Volksschulwesens geworden ist, wie Löschers Persönlichkeit, seine Anschauungsweise, seine gesamte Tätigkeit auf pädagogischem Gebiete fast das ganze achtzehnte Jahrhundert hindurch für die Dresdner Volksschule bestimmend gewesen ist, und wie erst die achtziger und neunziger Jahre Änderungen in den von Löscher geschaffenen Zustand bringen.

Die Erkenntnis, wie übel es besonders mit der religiösen Unterweisung der Dresdner schulpflichtigen Jugend bestellt sei, veranlaßte Löscher schon im Monate seines Amtsantrittes, im August 1709, mit dem Rate wegen Anstellung zweier Informatoren zwecks unentgeltlichen Unterrichts armer Kinder in Verbindung zu treten. Der Verlauf dieser Verhandlungen ist ein außerordentlich interessanter. Der Rat geht anfangs auf den Vorschlag Löschers ein, zwei Armenschulen zu errichten und dazu zwei Informatoren zu bestellen. Bald erhebt er aber allerlei Bedenken.[1] „Es sind Ihrer 2 das Armuth zu informiren bey weitem nicht sufficient, den die 6 Gemeinen so weitläufftig, daß die übel bekleideten und beschueten Kinder bey Kälte und andern übeln Wetter durch den Koth nicht weit fortkommen können. Es würden sich auch Eltern, zumal die dependens vom Hofe oder der Miliz hätten, schwerlich zwingen laßen, ihre Kinder in bestimmte Schulen zu schicken. Ferner ist es gahr nicht zu hoffen, daß ein bestellter Informator mit einem wenigen sich contentiren laßen, zumahl wenn er viel Kinder zeuget oder ein dependens von einer Familie erlanget, da dann des fatigirens, wenn die Commune einmal damit beladen, vor mehreren Unterhalte, bequemer Wohnung, Holzgeld u. dergl kein Ende. Bau und Dotation würden ein stark Capital fordern, „darzu wir zur Zeit nicht rath wüßten." Und an anderer Stelle: Es ist kein Absehen zu haben, daß unter 300 Gulden bis soviel Thaler Unkosten die 2 Informatores zu halten. Der Rat ist der Meinung, man solle an die 100 oder noch mehr Kinder wöchentlich mit 3 bis 6 Pfennigen Schulgeld unterstützen. Da könne man Kinder aus jedem Teil der Stadt auswählen; mache ein Informator seine Sache nicht recht, so könne man ihm die Freischüler entziehen. Die Specification (Namhaftmachung der Winkelschullehrer) habe gezeigt, daß genug Lehrer vorhanden, darunter auch tüchtige. Besserung werde geschaffen, wenn die Geistlichkeit die Informatoren gehörig inspiziere, „auf docentium und discentium, thun und laßen, auch den Success der Information ingleichen auf disciplin und den modum castigandi acht gehabt werde." Der Rat ist erbötig, auch seinerseits ein Mitglied abzuordnen, das sich an dieser Aufsichtsarbeit beteilige; auch wolle er Gelder, die für Schulzwecke gestiftet würden, gern in Verwaltung nehmen. Als der Superintendent erwidert, „daß diejenigen, so zu diesem Absehen bereits beneficia destiniret oder künftig destiniren möchten, dürfften abgeschrecket werden", entgegnet der Rat, „daß man 1. zuvörderst wißen

---

[1] D. R.=A. B. VIII. 12b Bl. 57.

möchte, wie hoch die beneficia sich belieffen, 2. könnte man zwar es
versuchen und die beneficia einen, oder nach Gelegenheit zweyen Kinder=
Lehrern geben und sie zu freyer Information einer gewissen anzahl armer
Kinder ohne ferner Entgelt obligiren, allein dieses müßte ohne Ver=
bindung bleiben, dahero dem Rathe freystehen, Enderung zu treffen,
denn sonst die Stadt ein neues ong (onus) bekähme."

Löscher stellt darauf einen Revers aus, in welchem die Stadt in
aller Form von irgendwelchen Beihilfen entbunden wird.[1]

Löscher hat nun freie Hand; Neujahr 1711[2] werden zwei Armen=
schulen in der Pirnaischen Vorstadt unter der Leitung der stud. theol.
Koberstein und Geißler eröffnet.[3] Die Besoldung beträgt für jeden
20 Gulden vierteljährlich, später tritt noch Holzgeld hinzu. Für die
Ermietung der Schullokale haben die Informatoren selbst aufzukommen.
Die Mittel zur Unterhaltung der Schulen werden lediglich durch Löschers
Bemühungen auf die mannigfaltigste Weise durch Einzelspenden aller
Art und durch Legate zusammengebracht. Einsichtsvolle Bürger, denen
die Unwissenheit des niederen Volkes zu Herzen geht, geben nach ihren
Verhältnissen reichlich.[4]

Am 23. Januar 1716 kann Löscher dem Rate mitteilen, daß die Stiftungs=
summe für die Armenschulen 6257 Taler betrüge, die mindestens 310 Taler
Zinsen brächten; dazu kämen noch jährlich feste Beiträge von 78 Talern.
Die drei bestehenden Armenschulen (die dritte war bereis Ostern 1711
gegründet worden) beanspruchten einen Aufwand von 222 Talern; es
könnten somit noch 140 Taler zur Gründung zweier neuer Armenschulen
vor dem Wilsdruffer Tore verwendet werden. Er bittet auch den
Rat, ein oder mehrere Mitglieder mit genügender Vollmacht auszustatten,
die schon gestifteten Armenschulen mit Nachdruck zu visitiren, damit
einem oder dem andern bekannten Gebrechen abgeholfen werde. Die

---

[1] D.R.=A. B VIIa 191a: „Zur zuverlässigen Nachricht attestiere ich endes=
unterschriebener hiermit Amts=wegen, daß das zur Ehre Gottes und vieler Seelen
Heyl anzufangende Werk zwey Informatores vor dem Pirnaischen Thore vor
arme Kinder anzunehmen, nicht anders alß zum Versuch und Probe, ob man
dergestalt dem intendirten Zweck nahekommen, auch die benöthigten Mittel für
Ausführung dieses Werkes erlangen möchte, von E. Hochweißen Rath allhier über=
nommen sey, mit dem ausdrücklichen Vorbehalt, daß dem gemeinen Stadt=Wesen
durch Versorgung dieser Leute keine Last und Präjudiz solle zugezogen werden
welches auch, wie mir zur Genüge bewußt, des Hochlöbl. Ober=Consistorii
Intention bei dieser Sache ist. Der Höchste secundire dieselbe zum gemeinen Besten.
Sig. Dresden d. 10. Sept. 1710. Valentin Ernst Löscher, D."

[2] Neujahr 1711 erfolgte die offizielle Eröffnung; von diesem Zeitpunkte ab
werden laut Armenschulrechnung vom Jahre 1711 die Informatoren besoldet.
Der Unterricht hatte mit einigen wenigen Kindern schon am 1. Dezember 1710
begonnen.

[3] D.R.=A. B VIII. 13b S. 102.

[4] D.R.=A. B VIII. 13b Vol. II. Es steuerten unter anderem bei: General=
lieutenant Graf von Wackerbarth 200 Gulden, Reichsgraf Generalfeldmarschall Flem=
ming 200 Gulden, Geheimer Kämmerer Steinhäuser 100 Taler.

Gründung der vierten und fünften Armenschule wird im Jahre 1716 vollzogen. Im folgenden Jahre wird auch eine Armenschule in Friedrichstadt bei Dresden eröffnet; 1720 gründet Diakonus Hahn von der Kreuzkirche auf eigene Kosten die Hahnsche Freischule.

So war das Liebeswerk Löschers äußerlich zu gutem Erfolge gediehen. Befremden muß es, daß der Rat für die Volksschule nicht einmal 300 Gulden übrig hat. Die Stadtkassen waren jedoch um diese Zeit durch die schwedische Invasion völlig erschöpft. Mit 23 000 Mann, denen an Kleidung, Schuhwerk und oft auch an Bewaffnung das Nötigste fehlte, war der Schwedenkönig Karl XII. im Jahre 1706 in Sachsen eingerückt; mit 34 000 Mann, wohl gepflegt und gekleidet, verließ er das unglückliche Land ein Jahr später. Die Kosten der schwedischen Invasion mit allen Naturalverpflegungen, Exekutionen und Erpressungen wurden auf 23 Millionen Taler veranschlagt.[1] Dazu lastete der Hofhalt August des Starken, der auch zur Zeit der Anwesenheit der Schweden nicht im geringsten eingeschränkt wurde, schwer auf der Stadt. Um so mehr ist die Opferwilligkeit der Dresdner Bürgerschaft anzuerkennen, die trotz der schweren Zeiten durch freiwillige Spenden über 6 000 Taler für Bildungszwecke aufbringt.

---

[1] Böttiger, Geschichte des Kurstaates und Königreichs Sachsen. Bd. 2, S. 343.

III.
Die äußere Organisation der Armenschulen.

(Vorgesetzte Behörden — Anstellungsprobe — Einweisung — Lehrer — Vor=
bildung — Besoldung — Vertretung — Kündigung — Pension — Lehrerinnen —
Schüler — Schülerlisten — Aufnahme — Dauer des Schulbesuches — Schul=
entlassung — Prüfungen — Ferien — Schulgeld — Schulräume und ihre
Ausstattung — Lehrbücher für Schüler und Lehrer.)

Werfen wir einen Blick auf die äußere und innere Organisation der von Löscher ins Leben gerufenen Armenschulen. Die Armen=
schulen sind städtische Volksschulen geworden; sie unterstehen der Aufsicht des Rates und des Superintendenten, werden aber aus Stiftungsmitteln unterhalten.[1] Löscher hat eine „Instruction vor die Praeceptores der Armen=Schulen" ausgearbeitet; der Rat fügt noch hinzu Punkt 3: von der Anzeige des Wohnungswechsels und Punkt 4: die Aufhebung der Konzession betreffend. Diese Instruktion wird in großen Lettern auf starkes Papier gedruckt und bis zum Ende des achtzehnten Jahrhunderts neu eintretenden Informatoren — auch den konzessionierten Inhabern einer sogenannten schola collecta — gleichsam als Vokationsurkunde überreicht (Beilage A). Auf den Inhalt dieses Schriftstückes, das Lokalschulordnung, Lehrplan und methodische Anweisung gleichsam in einem Stücke umfaßt, werden wir später zurück=
kommen. Die Urkunde ist unterschrieben vom Superintendenten und vom Bürgermeister. Die Bewerbungsschreiben der Informatoren sind an den Rat gerichtet; dieser gibt sie weiter an den Super=

---

[1] D. R.=A. B VIII 12b Bl. 53. Das Oberkonsistorium weist unter dem 3. Juni 1710 Superintendent und Rat an, wie die Schulaufsicht durch die Geist=
lichen und Abgeordnete des Rats zu üben sei, wie jeder, „der eine öffentliche oder privat Schule halten wolle, vor dem Superintendenten nebst dem Amtmann und Rath, soweit es jedem, in ansehung der örter, wo die Kinderlehrer sitzen, zustehet, seine Geschicklichkeit sowohl in literis alß dem Christenthum nothdürfftig explorire und denenjenigen, so düchtig befunden werden, die Information noch ferne zu gestatten, ihnen auch wie nicht weniger hinführo denen, welche von neuem anfangen wollen, eine schrifftliche Concession jedoch umsonst und ohne abforderung des geringsten entgeldes, auszustellen."

intendenten, der den Bewerber zu einem Tentamen, einer Befähigungs- oder Anstellungsprüfung, einlädet. Der Superintendent empfiehlt oder widerrät die Anstellung; die Annahme des Informators wird dem Oberkonsistorium angezeigt. Für den Senator, d. h. für das Ratsmitglied, dem die Verwaltung der Stiftungsgelder untersteht, ist eine besondere Instruktion ausgearbeitet.[1] Punkt 4 interessiert uns ganz besonders; es heißt da: „Er hat solche Schule Monatlich wenigstens einmahl entweder nebenst dem hinzugeordneten H. Geistlichen oder vor sich zu visitiren und wie Er es befindet, oder was er darbey observiret bei dem Nahmen des Schulhalters zu notiren." Leider wird diese löbliche Anordnung in der Praxis fast ganz außer acht gelassen. Das Tentamen, das der Superintendent oder der ihn vertretende Parochialgeistliche mit dem Bewerber abhält, stellt außerordentlich geringe Anforderungen an die berufliche Vorbildung. Vor allem ist eine Probeschrift einzuliefern. Von diesen Probeschriften finden sich eine stattliche Anzahl bei den Akten. Manche sind kleine kalligraphische Meisterwerke; viele verraten aber auch, daß der Schreiber die einzelnen Buchstaben und Worte mit ungeübter Hand mühsam hingemalt hat.[2] Dann sind einige Aufgaben aus den fünf Spezies (das Zahlenschreiben oder Numerieren gilt noch als fünfte Spezies) zu lösen. Das Rechnen scheint die Achillesferse der meisten Bewerber gewesen zu sein.[3] Weiter findet eine Prüfung im Lesen statt; das Hauptgewicht wird aber auf die Beherrschung des Katechismus gelegt. Nachrichten über die Examina solcher, die in der Stadt um Anstellung nachsuchen, finden sich in den Akten nur in Gestalt kurzer Notizen des Superintendenten, wie: „Ist in der Exploration nicht also bestanden, daß ihm mit gutem Vertrauen dergleichen Information zu committiren"[4] oder: „Ist in Examine wohl bestanden." Der Senator, der die Armenschulen unter sich hat, bezeichnet dann und wann auf demselben Schriftstück die Schule,

---

[1] D. R.-A. B VIII. 13b Vol. II. Instruction vor den Senatorn, welchem diejenige Beneficia, so zum Unterrichte der Kinder armer Eltern gestifftet und gegeben worden, zu administriren aufgetragen wird.

[2] D. R.-A. B VIIb 8 S. 129. Pastor Gräfe zu Neustadt legt am 7. Oktober 1750 ein gutes Wort für seine verwitwete Schwester, die Junkerin, ein. „Was ihre Hand zum Schreiben betrifft, so dürfte dieselbe zum Anfang wohl passiren; ich erbiete mich aber, ihr einen fertigen und geschickten Schreibmeister zu halten, der ihr die besten Vortheile getreulich anzeige, ihre Hand verbessere und ihr allenfalls einige gute Vorschriften anfertige." Die Junkerin wird angestellt, eine Lehrerin, die selbst noch des Schreibunterrichts bedarf.

[3] D. R.-A. B VIII 26. Bei der Schulprobe zu Plauen am 1. Oktober 1728 hat der eine Kandidat das Rechnungsexempel „ex Regula De Tri" getroffen, der andere aber nicht; er hat jedoch die „operationes per species simplices" verrichtet. Bei der Schulprobe zu Leuben am 8. Mai 1763 lösen beide Kandidaten das Multiplikationsexempel 1763 · 769; das Divisionsexempel 1763 : 769 bleibt der eine schuldig.

[4] D. R.-A. B VIII 13b Vol. II Bl. 95. Joh. Schubert, Theol. stud. betreffend. 28. September 1715.

für welche der Examinierte bestimmt ist, z. B.: „Dieser ist zum Informator Armer Kinder auf Hinter Seergemeinde angenommen und bestellt den 18. Aprilis 1716."[1]

Ausführlichere Mitteilungen finden sich aber über die Proben, welche die Informatoren ablegen mußten, die sich um die Schulstellen in den unter Dresdner Kollatur stehenden benachbarten Dörfern bewarben. Von jeher hat der Rat eifersüchtig über seine Rechte als Anstellungsbehörde gewacht.[2] Bei Besetzung von Stellen, wo es sich darum handelt, Dresdner Kollaturrechte in Erinnerung zu bringen, wird ein ganz ungewöhnlicher Apparat in Bewegung gesetzt. Superintendent, Bürgermeister, Senator (heutzutage der Dezernent des Schulwesens), der Stadtschreiber als Protokollant, Pfarrer und Gemeinderat des betreffenden Ortes, sowie Musikverständige erscheinen zur Probe, die oftmals äußerst gründlich vor sich geht; da es sich um die Besetzung einer Kirchschulstelle handelt, so haben sich die Kandidaten auch einer eingehenden Prüfung im Gesang und Orgelspiel zu unterziehen. In einer Ratssitzung erfolgt dann die Wahl, die dem Superintendenten angezeigt wird; zum Schluß erfolgt die Präsentation des Gewählten an das Oberkonsistorium durch Superintendent und Rat und die Aushändigung der Vokation an den Gewählten an Ratsstelle (Beilage B). Aus diesen Kollaturproben vermögen wir auch zu ersehen, wie sich die Anforderungen an die Kandidaten im Laufe der Jahre steigern.

Bei den an den Armenschulen angestellten Informatoren scheint auch eine Art offizieller Einweisung in das neue Amt stattgefunden zu haben. Pastor Hilscher berichtet über die Einführung der Mädchenschulmeisterin Frau Schlitzig: „Nachdem sie einigen coetum bekommen, bin ich in die Schule gegangen, habe eine kurze Rede gehalten, an die Schuldigkeit der Frau Schulmeisterin gegen die Kinder, als auch der Kinder gegen Sie erinnert und sie also in ihr Amt ein=

---

[1] D.R.=A. B VII 13b Vol. II Bl. 105. Matthäus Wagner, S.S.Th.St. betr. 14. März 1716.

[2] Im Jahre 1691 hatte der Richter auf der Rammischen Gemeinde selbständig die Stelle eines Winkelschulmeisters besetzt. „Der Rath kann nicht geschehen lassen, daß die gerichte denen Kinderlehrer auf der gemeinde bestellen, will aber, weil der betreffende „sein Schreiben und rechnen kann" diesmal auf sich beruhen lassen." D.R.=A. B VIII 10. — 1726 hatten die zu Stadt Neudorf ohne Vorwissen des Rates einen Kinderlehrer angestellt. Der Richter und die beiden Schöppen werden vor den Rat zu Dresden geladen, wo von ihnen die Auslieferung der Vokationsurkunde unter Androhung von Gefängnis gefordert wird. Die Geängstigten entschuldigen sich, daß sie die Angelegenheit als Privatsache aufgefaßt hätten, zumal der Rat keinen Beitrag gäbe und wenden sich an das Oberkonsistorium. Dieses entscheidet, es genüge, daß der Lehrer vom Superintendenten examiniert worden sei und daß die Gemeinde die sogenannte Vereinigung dem Superintendenten zur Einsicht vorgelegt habe. Die Gemeinde verpflichtet sich, die Annahme eines neuen Kinderlehrers dem Rate vorher zu melden und der Rat faßt Beruhigung. D.R.=A. B VIIb 19.

gewiesen."[1] Und unter dem 19. August 1728 berichtet Hilscher, „daß Frau Kirschnerin, des Berg=Rechnungs=Calculators Wittwe, so bisher nebst ihrer Mutter, der vorgedachten Schlitzgerin in der Mädgen Schule mit informirt, adjungirt und substituirt … zur Schulmeisterin ver= möge gegebenen Handschlags angenommen worden." Christoph Bormann z. B. geordneter Inspector der Armen=Schulen berichtet unter dem 25. November 1740, „daß er sich dato früh 8 Uhr hinaus vors Thor in der verwittibten Frau Böhm Logis am See verfügt und im Beysein des neuen Informatoris die versammelten Kinder zuvörderst die Morgen= gebethe sprechen, sodann sie aus dem catechismo examiniren laßen und nachdem sie darinnen pro captu ganz wohl bestanden, dieselben mit nöthiger Ermahnung, sich ferner fleißig und gehorsam zu bezeugen, den neuen Herrn Praeceptori eingewiesen, darüber dieser das auf folgendem Blatt befindliche Verzeichnis eigenhändig unterschrieben. So= dann hat die verwittibte Frau Böhmin alle zu sothaner Schule gewid= meten Bücher und Meubles nach der Specification Fol. 14. ausge= antwortet."[2]

Wer sind die Lehrer, die sich um Anstellung an einer der städti= schen Armenschulen oder um eine Konzession für eine schola collecta bewerben? Darüber geben uns Aufschluß die Bewerbungsschreiben (Beilage C) und die Ratsprotokolle, die über die Vernehmung der Winkelschullehrer berichten. Die Bewerber sind zumeist Studenten der Theologie, die durch irgendwelche Umstände, verschuldete und unver= schuldete, am Weiterstudium gehindert sind. Auch Kandidaten der Theo= logie, sogar solche, die schon die Magisterwürde erlangt haben, suchen um Anstellung nach. Doch drängen sich auch eine Menge ungeeigneter Elemente zum Schulamte; ja, das Schulehalten wird vielfach als letztes verzweifeltes Mittel angesehen, um sich vor gänzlichem materiellen Unter= gange zu retten.[3] Die Bewerbungsschreiben fließen nach dem Charakter

---

[1] D. R.=A. B VII b 8, S. 122. Extract aus einigen hinterlassenen Privat= nachrichten des sel. H. Pastor in Alt=Dreßden H. Mag. Hilschers die Mägblein= Schulmeisterin daselbst betreffend. 1706.
[2] D. R.=A. B VIII 36.
[3] D. R.=A. B VIII 10. Joh. Adolph Reuschel hat achtzehn Jahre in Kriegsdiensten gestanden, sieben Jahre lang in Schweden gewesen, vier Jahre in Gefangenschaft, hat sich einen halben Fuß ablösen lassen müssen und ist bis dato noch nicht heil, ist un Vermögent eine schwere Handarbeit zu verrichten kann auch nicht auff dem Land herumblauffen und sein Stück Brodt suchen, ist nach Dresden gekomm, weil er dort gebohren und hat eine Winkelschule errichtet. (Löscher gibt die Konzession unter der Bedingung, daß sich Reuschel schriftlich reversire, die Eltern anzuhalten, daß sie ihre Kinder nach einem oder zwei Jahren zu einem andern schicken. 23. Januar 1713). — D. R.=A. B VIII 10. Joh. Friedrich Schrötell, gewesener Buchdrucker, hat wegen des schwedischen Einfalls seine Offizin zu höchster Not verkauffen müssen, hat sich nachhero Gesellen weise sein Brodt verdienen müssen. Nachdem aber anizo in meiner Profession Altershalber nicht mehr wie sonsten in der Arbeit fortkommen kann, so daß ich mein Auskommen dabei haben könnte, als habe mir fürgenommen eine Privat=

der damaligen Zeit über von Ausdrücken der Devotion; die Bewerber betonen weniger ihre Kenntnisse, ihre Brauchbarkeit für das Amt, als ihre Bedürftigkeit.¹ Selbst eine leise Andeutung, daß die Not zum Religionswechsel treiben könne, wird als gelinder Drücker nicht verschmäht.² Ein ganz trübes Bild von den Persönlichkeiten, in deren Händen damals Unterricht und Erziehung der Jugend zum großen Teile lagen, ergeben die zahlreichen Ratsprotokolle, die aus Anlaß der Beschwerden städtischer Lehrer über die Winkelschullehrer abgefaßt werden. Von diesen Dutzenden von Schriftstücken möge hier nur eins als besonders charakteristisch Platz finden.

Am 21. August 1727 treten Superintendent Dr. Löscher, Stadtsyndikus Schröter und M. Hilscher, Pastor zu Alt=Dreßden zu einer Konferenz zusammen.³

Es wird praeliminariter davor gehalten, daß, weil arme Studenten auf die Zeit ihrer Beförderung offt sehr lange warten müßten, nicht aber zu ihren Unterhalt hätten, ihnen das Informiren nicht füglich zu untersagen; Jedoch wäre ihnen nicht nachzulassen, daß sie es auf ihre eigne Hand thäten, sondern unter Inspection solches verrichteten und Befugniß dazu erlangten.

Hierauf werden nach der Specification folgende vorgeforderte Personen vorgelassen und nach ihrer Concession befragt.
1. Herr Johann Peter Bertram, so sonst in Leipzig auf der Contribution-Stube bey E. E. Rath Einnehmer gewesen, hätte die Jugend theils im Schreiben und Rechnen, theils auch zugleich im Christenthum informieret, wäre 75 Jahr alt, sey eines Pfarrers von Brießnitz Sohn, hätte sehr wenig Kinder (Schüler) und sey an Vermögen gantz heruntergekommen. Wird ihm ferner zugelassen mit Vermahnung, die Jugend im Christenthum nicht zu versäumen und soll ihm eine Instruction zugestellet werden. (Randbemerkung lautet: Soll toleriret werden, weil er vielleicht nicht lange leben würde.)
2. Herr Johann Gotthard Dege. Vor ihn erscheinet seine Ehefrau, weil der Mann in Königl. Diensten als Bau=Auffseher bey dem jetzigen Bau in Alt=Dreßden zu thun hätte. Er habe sonst Schreiber=Dienste gehabt, sey aber mit andern unglücklich worden. Habe sonst studiert. (Wird ermahnt,

---

Information im Lesen und Schreiben vor dem Wilsdorffer Thor an der Freybergischen Straße anzufangen, indem sonst anders mein Leben mit den Meinigen nicht länger mehr hinzubringen weiß. 22. September 1716. (Abgewiesen, weil der Annenkirche zu nahe.)

¹ D. R.=A. B VIII. 13b Vol. II. Bl. 112. „Einem Stein in der Erde möchte meines schreyenden Armuths und verlaßenen Zustands erbarmen. Kein ander Mittel wird mir dahero fast von Jedermann zugeschrieen, als daß ich mich in diesem meinen schreyenden Jammer und Elende zu hohen patronen und Gönner wende. Joh. Friedrich Jacobi, S. S. Th. Cultor. 6. April 1718.

² Ebenda Bl. 106. Walther, Theol. Cand. 18. März 1716. Betteln zu gehn, bin ich zu Schamhafft an Strachs Worte eingedenken, Mein Sohn, schäme dich des Bettelns. Die hier gezogenen und gebohrenen Meinen, einen Raaben gleich zu verlaßenen oder mich unter ein ander Religioeses und Seelen gefährliches Joch zu sambt ihnen zu stecken, scheint nicht Rathsam.

³ D. R.=A. B VIIb 5

daß der Mann nach geendigtem Baudienst sich nach andern Dienst umthun möchte und das Informiren unterlasse.)
3. Herr Gotthard Pfläumer, sonst stud. theol. von Mühlberg, cölebs, 44 Jahr alt, habe in Wittenberg studirt, aber vor etlichen Jahren durch Zufall seine memorie sehr verlohren u. a. 1724 Concession, so auf dem Rathhauß liegen würde, erlangt. (Soll aufgesucht werden.)
4. Christoph Häscher wäre etliche 70 Jahr alt, von Profession ein Seiler, habe ein schwehr Gehör, sey 2 mahl abgebrannt, habe jetzt keine Discipulos, erhalte sich von andrer Leute Wohlthätigkeit. (Wird bedencklich gehalten, diesen darbey zu lassen. Doch seines Alters wegen soll er noch geduldet nnd übersehen werden.)
5. Herr M. Christian Dietzsch, Stud. theol., hätte in Wittenberg studiert, sey 50 Jahr alt. Hätte a. 1724 eine Concession erlanget so auf dem Rathhaus liegen würde. Hätte etwa 7 Kinder zu informiren, sonst seine 3 eignen Kinder. (Wird ihm die Information ferner gelassen.)
6. Joh. David Walther, 33 Jahre alt, von Rochlitz gebürtig, hätte von Schreiberey Profession gemacht, aber keine Concession zur Information, wäre verheyrathet, vor sich nur 1 Kind, sonst aber zu informiren etliche 30 Kinder, so er zugleich im Schreiben und Rechen absonderlich unterrichte. (Diesem soll das informiren untersagt werden.)
7. Johann Christian Baust wäre ausm Bergißhübel eines Bergmanns Sohn, ein armer Studiosus jur. hätte nur interim die Information vorgenommen, wiewohl ohne Concession, doch hoffe er bald weiter befördert zu werden, da er dann die Information aufgeben wolle (welches ihm auch gerathen wird).
8. Zacharias Frühstück wäre aus Salfeld in Preußen. Hätte die Handlung ansgestanden, wäre als Soldate vor Stralsund bleßirt, daß ihm das Bein zweimahl abgelöset worden. Hätte keine Concession, doch sich sonst bei dem Herrn Pastore gemeldet, wie dieser sich erinnert. Ist lahm. Die Frau bekäme aus dem Ober=Consistorio Almosen, er auch Gnaden=Geld quartaliter 1 Thaler. Hätte ohngefähr 20 Kinder zu informiren. Er und seine Frau hätte bißher die Schwindsucht gehabt. Er informire besonders auch im Rechnen und Schreiben, habe vor sich von Jugend auf die Bibel fleißig gelesen, dahero im Christenthum unterrichtet. (Es wird davor gehalten, daß mehr zum informiren gehöre. Soll ihm das Informiren untersagt werden.)
9. Herr M. Gottlob Otto, Stud. theol. von Seyffersdorff. Hätte Concession vor sich und etliche 30 Kinder zu informiren, wünschte baldige Beförderung, soll sich in Dei Pastoris censuram gar wohl auffführen, habe in Alt=dreßden frequentirt. (Bleibt bey der Concession.)
10. Herr Wilhelm Richart Rüggerö aus Ostfrießland fast 55 Jahr alt. Wäre vor 10 Jahren als vor denen vorgefallenen Wasserfluthen daselbst vertrieben, auf Veranlassung des Herrn Geh. R. v. Zanthier seel. hierher gekommen. Er hätte nur wenige Kinder, die zu ihn kämen, er gienge auch zu etlichen feine Leute in die Häußer. Ist übel verheyrathet. Will sich vor etlichen Jahren bey Hoch Ehrw. dem Herrn Superint. angemeldet haben, kann sonst keine eigentl. Concession darthun. (Diesem wird das Informiren noch verstattet.)
11. Herr Michael Tauscher, Zwiccav, Cand. theol. 41 Jahre alt, wäre schon vor 8 Jahren examinirt, auch vor wenigen Jahren gleichfalls ver=

nommen worden. [Es erinnert sich auch Hoch Ehrw. Superint., daß da=
damahls die Specification vor Ihn und andre auf das Rathhauß zur
Ausfertigung geschickt worden.] (Dieser findet Approbation.)
12. Anna Regina, Christoph Benjamin Winters, Rechen= und Schreibe=
Meisters bey den Cadets, seit 7 Jahren hier Wittbe sagt, daß sie im
Nähen sonst die Kinder unterwiese, letzthero auch etliche Kinder im Christen=
thum. Wird ihr gerathen, bey dem Unterweisen im Nähen zu bleiben.
Wogegen sie sich entschuldigt, daß sie damit allein nicht fortkommen könnte.
(Sie wohne auf der Rhenis=Gasse in Hauptmanns Hauß.) Sie hätte nur
Mägdgen. (Soll das Schulhalten und Informiren im Christenthum unter=
laßen und bey dem Nähen bleiben.)

Vor dieses mahl sind also außen geblieben Scheffler, Baumgartin,
Zimmermann, Rielmannin, so noch vorgefordert werden sollen.

Es wird hierauf über die Vorschläge deliberiret u. rat. der Mägdge-
Information vor gut befunden, daß etwan Baumgartin u. Rielmannin ge=
litten und auf sie Achtung gegeben würde, die der Herr Pastor thun will.
Der Fr. Schlietzigin ihre Mägdgen=Schule sei sehr wohl bestellet.

Es sollen männl. Informatores keine Mägdgen annehmen, sondern ihnen
solches verboten werden.

Daß auch keines die, so aus der Stadt=Schule entlauffen, in die seinige
aufnehme.

Sonst soll denen, welchen Verboth zu thun, biß Michaelis nachgesehen
werden, damit sie indeßen sich weiter umthun können.

Worbey es vor dieses mahl geblieben und sind die Informatores di=
mittirt auch Bescheid zu erwarten bedeutet worden.

Acta ut supra.
Joh. Fried. Nicolai, Act.

Protokolle aus den Jahren 1765, 1767, 1784, 1793 zeigen, daß
sich das Elend des Winkelschulwesens durch das ganze achtzehnte Jahr=
hundert hindurchzieht.

Wie aber kann dieser Zustand wundernehmen, wenn wir erfahren,
was den Bildnern der Jugend für ihre mühevolle Arbeit geboten wird!
Die Lehrer der Armenschulen erhielten, wie schon erwähnt, vierteljährlich
20 Gulden Gehalt, der später auf 90 Gulden jährlich erhöht wird.
Die zweite Friedrichstädter Armenschulstelle, 1735 gegründet, wird mit
100 Talern und 5 Talern zur Anschaffung von Büchern dotiert.[1] Von
dem Gehalte aber mußte die Miete für das Schullokal und dessen Beheizung
bestritten werden. Was blieb da für den Lebensunterhalt des Informators und seiner Familie übrig? Die natürliche Folge ist, daß die
Armenschullehrer in geringen Zwischenräumen bei der Behörde um Ver=
besserung ihrer Lage vorstellig werden (Beilage D). Ihre Bitten sind

---

[1] Die Mägdlein=Schulmeisterin erhält im Jahre 1706 12 Gulden aus dem
Religionsamt (olim 20 Gulden) 6 Scheffel Korn, jährl. 1 Schragen Holz und
4 alte Schock Steuer=Zettel, vor dem Brande noch freye Wohnung. D. R.=A.
B VIIb 8 S. 122. Extract aus einigen hinterlassenen Privatnachrichten des
sel. H. Past. in Alt=Dreßden H. Mag. Hilschers, die Mägdlein=Schulmeisterin
daselbst betr.

umsonst; ja, es tritt sogar zeitweise ein Rückgang der Bezüge ein. Die Stiftungsgelder sind in fünfprozentigen Steuerscheinen angelegt; als sich die sächsischen Finanzen während der Schlesischen Kriege verschlechtern, gehen die Zinsen nur unregelmäßig ein; die Folge davon ist, daß den Armenschullehrern der Gehalt gekürzt wird.[1] Ja, die Notlage der Lehrer wird sogar benutzt, begründete Forderungen herabzusetzen. Günther in Friedrichstadt erhält seit dem Jahre 1718 40 Gulden Gehalt und 8 Taler Zuschuß zum Mietzins; er hat aber statt der 8 Taler jährlich nur 2 Taler 10 Groschen erhalten. Die Gemeinde schuldet ihm 25 Taler 14 Groschen. Es werden ihm 10 Taler als einmalige Entschädigung geboten, wenn er auf die Restsumme verzichtet, und Günther geht auf das Angebot ein.[2] Lodermüller, Lehrer an der Trierschen Mädchenschule, klagt am 20. April 1771, daß er 22 Taler Mietzins abführen solle; man sei ihm aber durch die Jahre des Krieges hindurch 24 Taler 13 Groschen 2 Pfennige Gehalt schuldig geblieben. Er sei geplündert worden, seine Wohnung habe ein Offizier bewohnt, er habe in der Schulstube wohnen müssen. Lodermüller wird beschieden, es solle ihm ein Jahr erlassen werden, wenn er den rückständigen Zins auf einmal abführe; von Erstattung seiner Gegenrechnung ist nicht die Rede.[3]

Die spärlichen Einnahmen aufzubessern, erteilen die Armenschullehrer Privatunterricht. Bald werden Klagen laut, daß sie die Privatschüler während der amtlichen Unterrichtszeit unterrichten, die Freischüler aber unbeschäftigt sitzen lassen, oder daß sie den Unterricht der Freischüler ihren Frauen oder Mägden überlassen, um sich den Privatschülern widmen zu können.[4] Beutner kommt, um seine Lage aufzubessern, auf den Ausweg einer reichen Heirat. Er legt die Information nieder und heiratet eine — Waschfrau, „mit der er ohne Information, als welche er aufgegeben habe, fortkommen könne."[5]

Es ist ein trübes Bild, das sich da vor unsern Augen entrollt. Aber wir dürfen nicht vergessen, daß wir aus den Akten nur die Schattenseiten des damaligen Volksschulwesens kennen lernen. Gewiß hat es auch Informatoren gegeben, die tüchtig in ihrem Amte waren, die nach ihren Kräften die Jugend förderten, die sich eines Einkommens erfreuten, das seinen Mann nährte. Freilich wird das — als selbstverständlich — nicht aktenkundig gemacht; aber Einzelheiten lassen diese Annahme zur

---

[1] D.R.=A. VIIa 191b. An Besoldung dem Informatori dieser Armen Schule (Triersche Mädchenschule), welcher im mittelst biß sich das Vermögen derselben beßert mit dem was jährl. einkömt vorlieb nehmen muß. 1748/49: 12 Taler 6 Groschen 7 Pfennige — 1749/50: 46 Taler — 1750/51: 9 Taler 18 Groschen 7 Pfennige — 1751/52: 24 Taler 13 Groschen 2 Pfennige.

[2] D.R.=A. BVIII 60b.

[3] D.R.=A. BVIIa 205c S. 5.

[4] D.R.=A. BVIII 13b Vol. II S. 118b.

[5] D.R.=A. BVIII 12b S. 143.

Gewißheit werden. So berichtet Vorwerk,¹ leider ohne die Quelle anzugeben, daß M. Krell von 1663 bis 1715 10500 Kinder beiderlei Geschlechts unterrichtet habe, unter denen sich vierunddreißig adlige, zwei Türkenknaben und ein Türkenmädchen befanden, die 1691 die heilige Taufe empfingen. „Von diesem Manne wird gerühmt, daß er einer der ausgezeichnetsten Lehrer seiner Zeit gewesen sei. Ungeachtet manchen Antrags zu vortheilhaften Anstellungen im Auslande soll er stets erklärt haben, daß er Dresden nie verlassen würde." Unter dem 30. Mai 1711 zeigt Franziskus Wehrmann, Informator und Gerichtschöppe auf Viehweyber Gemeinde an, daß er mit der schwarzen Gelbensucht beladen gewesen und kaum noch über die Stube gehen kann. Er bittet den hochweisen Magistrat, die vacante Stelle mit einem feinen Subjecto hinwiederum zu besetzen. „Das Dienstgen ist eben nicht zu verachten, sintemahl ich stets etliche 40 Kinder zu informiren gehabt habe." ² Also eine zufriedene Seele. Und wenn dem Lehrer der Armen-Schule auf Viehweyber Gemeinde, Herrn Merkeln, wegen seines besonderen bezeigten Eifers und Fleißes bei Unterrichtung seiner Schulkinder eine Discretion von 1 Taler 8 Groschen ausgesetzet wird,³ wenn Neujahr 1776 drei Schullehrern Tuch zu einem Schulrock gestiftet wird und jede Schule 1½ Ries Papier und 75 Federspulen geschenkt erhält,⁴ wenn Bücherstiftungen für arme Kinder errichtet werden,⁵ so sind das Beweise dafür, daß es auch tüchtige, gewissenhafte Informatoren und Schulen gab, deren Erfolge die Eltern zufriedenstellten.

Wie war es mit der Vertretung der Informatoren bestellt, die durch irgendwelchen Umstand verhindert waren, ihr Amt auszuüben? Als Dedekind in Leuben in Disziplinaruntersuchung gerät, weil er sich mit seiner Magd eingelassen haben soll, wird ihm ein Substitut gestellt, dem er einen Teil seines Einkommens abzutreten hat.⁶ Lobermüller fühlt sich altersschwach. In Pension kann er nicht gehen, da ein Ruhestandsgesetz noch nicht existiert. Er bittet den Rat, „daß ihm ein Subjectum, so ihn in der Schul-Arbeit sublevire", beigesetzt werden möge und schlägt dafür den cand. theol. Resch vor, der sich zu diesem Dienst gemeldet. Resch erhält die Stellvertretung, aber ohne

---

1 Vorwerk, Geschichte und Verfassung des Dresdner Schulwesens nach den zuverlässigsten Quellen. 1836.

2 D. R.-A. B VIII 10.

3 D. R.-A. B XIII 115h Vol. III.

4 Ebenda.

5 D. R-A. B VII a 123. Der Bürger und Schneidermeister Christian Stöben vermacht 1735 50 Taler zur Anschaffung von Büchern für die Armenschulen. Von den Zinsen und freiwilligen Spenden werden 1742 angeschafft: 1 Hallische Bibel, 2 Dreßdner Gesangbücher, 10 St Evangelia, 6 fl. Katechismi, 16 Auszüge aus dem Dreßdner Cat., 12 A-B-C-Bücher.

6 D. R.-A. B VIII 19b.

jede Vergütung seitens Lobermüllers oder des Rates, nur mit der Aussicht, bereinst in die freiwerdende Stelle einrücken zu können.¹

Eine Kündigungsfrist ist in der Anstellungsurkunde nicht vorgesehen. Als der Informator Seifert 1727 angezeigt wird, daß er schon jahrelang die Kirche nicht besucht habe und nicht zum Abendmahl gegangen sei, weil er sich für einen „Vollkommenen" halte, wird er auf Antrag Löschers vom Rate ohne weiteres entlassen.² Eine Appellation an den Kurfürsten bleibt ohne Erfolg.

Eine Pension für Wittwen und Waisen gibt es nicht. Die Wittwe eines Armenschullehrers erhält noch vier Wochen die Bezüge ihres Mannes. 1740 stirbt Hohlfeld an der Trierschen Mädchenschule. Die Wittwe bittet für ein halbes Jahr freies Logis (die freie Wohnung bildet an dieser Stiftungsschule einen Teil des Einkommens) und um Fortbezug der Emolumente für diese Zeit. Der Rat entscheidet: „Es bewendet bey dem Herkommen, ihrer 4 Wochen vom Absterben Christian Hohlfelds anzurechnen".³ Oft versuchte auch die Wittwe die Schule des Mannes weiterzuführen.⁴ Im Jahre 1704 werden durch kurfürstliche Verordnung jährlich 1000 Gulden ausgeworfen für Praeceptoren der Lateinschulen, die ihre Stelle wegen zu geringer Besoldung verlassen wollen (10, 20, 30 Gulden Zulage) oder für deren hinterlassene Wittwen und Waisen. Dorfschulmeister, Küster und dergleichen sind aber von diesem Benefizium ausdrücklich ausgeschlossen.⁵ Die Armenschullehrer greifen zur Selbsthilfe. 1792 beantragen die fünf Armenschullehrer Schwartz, Köppe, Kirchner, Bobe und Heymert, die Einrichtung zu genehmigen, daß der jedesmalige Successore in einer Stelle „der nachzulassenden Wittwe oder auch den verwaißten Kindern" eine Quartalbesoldung (17 Taler 12 Groschen) als einen Beitrag zu ihrer künftigen Einrichtung überlasse.⁶ Der Rat entscheidet: „Diese

---

¹ D.-R.-A. D XXXVI 3b. „Allermaßen nun Herr Resch vorstehenden allen genau und willig nachzukommen, auch solange, als Herr M. Lobermüller annoch am Leben seyn wird, für seine Arbeit etwas nicht verlangen, selbige vielmehr ohne alles Entgeld bey vorfallenden Krankheiten und Verhinderungen des dermaligen Informatoris, Herrn M. Lobermüllers zu verrichten, in Consensu Senatu handgebend angelobet, so ist auch von demselben gegenwärtige Instruction eigenhändig unterschrieben worden. Dreßden, den 14. Juni 1774."

² D.-R.-A. B VII a 38. „Vollkommene" nannte sich eine Sekte der Pietisten.

³ D.-R.-A. B VII a 112 Bl. 16.

⁴ Unter dem 14. November 1741 berichtet Christ. Bormann als Inspektor der Armenschulen: „Die durch Absterben M. Bodensteins auff der Borngaßer Gemeinde vorm Thor steht nun seit den 22. Okt. h. a. unversorget und dürfften bei der hinterlassenen Wittib Information die Schüler meistens wegbleiben oder auseinandergehen." Bormann bittet um ein passendes Subjectum.

⁵ Unschulbige Nachrichten, 1704. S. 637 bis 648.

⁶ T.-R.-A. B VII a 121. Einrichtung und Verabredung derer Armenschullehrer in den Vorstädten, die ihren Wittwen nachzulassende vierteljährige Besoldung nach der Männer Absterben. „Und laut dieser Bedingung will der

Einrichtung wird hierdurch Obrigkeitswegen genehmigt und soll bey künfftigen Fällen hierauf Rücksicht genommen werden."

Streifen wir noch kurz die Lehrerinnenfrage. Die im Jahre 1539 gegründete Mädchenschule scheint von Beginn an von einer Mädchenschulmeisterin verwaltet worden zu sein. Trier ordnete, wie wir sahen, bei Gründung seiner Mädchenschule 1708 ausdrücklich an, einer Frauen solch Amt nie aufzutragen. Eine Notiz aus dem Jahre 1715 berichtet: Die Anna Rosina Niederlauin, eines Soldaten von hiesiger Garnison Eheweib von etl. 24 Jahren ist Lahm an Beinen, hält Schule, solche hatt keine Wissenschaft von Buchstabiren, verderbt die Jugend.[1] Ein Protokoll vom 18. Dezember 1727 sagt aus: „Bei Annen Marien Heringen von der Viehweiber Gemeinde wird von den Herren Inspectoribus erinnert, daß die Kinder, welche sich des weiblichen Unterrichts bedienten, am übelsten daran wären".[2] Ein Protokoll vom 21. August desselben Jahres führt jedoch an: „der Frau Schliezigin ihre Mägdgen-Schule sei sehr wohl bestellet." In demselben Protokoll wird den männlichen Informatoren die Annahme von Mädchen überhaupt verboten.[3] Die Mädchen waren also nach Beschluß des Rates nur von weiblichen Kräften zu unterrichten. Die Güte des Mädchenunterrichtes hing eben auch von der Persönlichkeit ab, die ihn erteilte.

Das Schülermaterial der Armenschulen erkennen wir aus den Schülerlisten.

Jeder der Informatoren war angehalten, ein Schülerverzeichnis anzulegen mit den Rubriken: Die armen Kinder, so informiret werden — Ihrer Eltern Nahmen und Profession — Wie auch ihre Wohnungen — Alter der Kinder — Ihr Profectus (liest, buchstabirt, fängt an zu schreiben). Aus diesen Listen ersehen wir, daß anfangs gesonderte Mädchen- und Knabenschulen bestanden, daß aber schon einige Jahre später beide Geschlechter dieselbe Klasse besuchen. Wir ersehen weiter, daß es die Ärmsten der Armen waren, die hier zusammenkamen. Da heißt es unter der Rubrik „Eltern": Vater — gemeiner Soldat, der

---

neuerlichst angestellte Armenschullehrer Heymert zu dieser Errichtung anjetzt den Anfang machen und der verwittibten Rammin den Genus der auf bevorstehendes Quartal Johannis gefälligen Besoldung überlassen jedoch mit der Voraussetzung: wenn dieses unser Unternehmen nicht ein bloser Privatvertrag bliebe, sondern wegen den folgenden Todesfällen von unsrer Obrigkeit als eine fernhin geltende Sache angesehen und aufrecht erhalten würde. — Um nun diesen wohlthätigen Endzweck zu erreichen und auf die Zukunft bevestiget zu wissen, so ergehet an Ew. Hoch Edelgeb. dieses unser gehorsamstes Bitten, Hochdieselben wollen gütigst geruhen diese unsre gute Absicht zu unterstützen und bey der jedesmaligen Besetzung, der durch unser Ableben erledigten Schulstellen, die dazu neu besttimmten Lehrer anzuhalten, daß dieselben sich ebenfalls, um der Ihren willen, geneigt finden lassen, diese unsre Einrichtung fortzusetzen."

[1] D.R.-A. BVIII 11a.
[2] D.R.-A. BVIII 12b S. 139.
[3] D.R.-A. BVIIb 5.

mit seiner Frau im Reiche ist, — armer Spielmann — gewesener Dragoner, welcher geblieben — hat sich zu einem Herrn vermietet und ist mit ihm zu Felde gezogen, — abgedankter Büchsenmeister, der sehr plessirt usw.[1]

Das Alter der aufgenommenen Kinder schwankt zwischen vier[2] und sechzehn Jahren;[3] doch scheint man die Altersgrenze für die aufzunehmenden Kinder allmählich enger gezogen zu haben. Während das Schülerverzeichnis von 1711 vier= bis fünfzehnjährige Kinder aufweist, zeigt das von 1715 kein Kind unter sechs und keines über dreizehn Jahre alt; von vierzig Schülern zählt die Hälfte acht, neun und zehn Jahre.

Die Dauer des Schulbesuches soll eine fünfjährige sein, doch kann ein Kind auch früher entlassen werden, „so es ein Dienstgen bei frommen Leuten findet."[4]

Eine amtliche Schulentlassung findet nicht statt und fällt nicht zusammen mit der Konfirmation. Die Konfirmation, soweit man von einer solchen im heutigen Sinne sprechen kann, ist noch nicht für sämtliche Kinder der Stadt auf einen bestimmten Zeitpunkt festgelegt, sondern fällt zusammen mit dem erstmaligen Gange zum heiligen Abendmahle der Kinder verschiedenen Alters zu verschiedenen Zeitpunkten zusammenführt.[5]

---

[1] D.R.=A. B VIII 13b Bl. 17.

[2] Johanna Magdalena Jerwitzin, 4 Jahre alt. D.R.=A. B VIII 13b Vol. II S. 23. Catalogus der armen Kinder, so in der armen Schulen auff der Rammtschen Gasse vor dem Birnischen Thore informirt werden. 1710.

[3] Gottlieb u. Gottlob Schwarze, Zweylinge 6 Jahr alt, buchstabiren, Elise Lehmannin, 16 Jahr alt liest u. schreibt. D.R.=A. B VIIa 128.

[4] D.R.=A. DXXXVI 3b Bl. 2.

[5] Hilscher, Etwas zu der Kirchen=Historie in Alt=Dreßden. S. 186. Was endlich die Kinder, so das erste mal zum H. Abendmal gehen wollen, anbelanget, so pflegen sich dieselben zum wenigsten ein viert. Jahr vorhero bey ihrem Beichtvater anzumelden, von welchem sie nebst anderen, so zum Teil schon gewesen oder sich künfftig allererst dazu angeben wollen, alle Wochen an einen gewißen Tag etliche Stunden in ihrem Christenthum unterrichtet werden. Wenn dann nun selbigs eine zulängl. Erkäntniß erlangt, so wird ihnen eine besondere Zeit bestimmt, da sie nebst ihren Eltern oder sonsten einem Beystand erscheinen, wobey sich zugleich auch andre Kinder, die schon vormals mit zur Beichte gewesen, das gelernte aber zu wiederholen begierig sind, mit einzufinden pflegen. Da dann auf vorhergegangne Anruffung Gottes dieselbigen in den nöthigen Stücken gefragt, nach Endigung dessen aber ihnen eine ernstliche Vorstellung gethan wird, wie ein so wichtiges und bedenklich Werk es sey bey dem heiligen Abendmahl zu erscheinen, und sie derohalben sich andächtig darauf zu schicken hätten. Wenn sie nun durch gegebenen Handschlag sich auffs neue zu ihrem Taufbunde und Führung eines frommen Wandels auch Verharrung bei der Evangelischen Religion verbindlich gemacht, so wird ihnen ein guter Wunsch gethan, der Seegen über sie gesprochen und die Eltern ihrer fernern Pflicht gegen ihre Kinder hertzlich ermahnt. Welches dann eine Gelegenheit ist, daß zugleich auch bei den Erwachsenen einige Erbauung geschieht und ihre Hertzen dadurch zu mehrer Wahrnehmung ihres Heils jezuweilen gerühret werden.

Prüfungen werden zu Ostern abgehalten; sie werden abgenommen vom Informator in Gegenwart des Parochialgeistlichen oder von letzterem selbst; außerdem besuchen die Kinder allsonntäglich das Katechismuseramen.[1]

Die Ferien sind die der Lateinschulen; sie sind ziemlich kurz bemessen. Egenolf in seinem „Entworff der verneuerten Schulordnung" sagt darüber in Cap. 12 „Von den Feyertagen."[2]

2. Des Mittwochs und Sonnabends nachmittage wird publice das gantze Jahr hindurch keine Schule gehalten.

3. Nach den dreyen hohen Festen Weihnachten, Ostern und Pfingsten wird an dem nächst darauffolgenden Tage keine Schule gehalten.

4. An den dreyen Jahrmärkten nach Invocavit, Johannis und Lucae feiert die Schule allezeit die ersten 2 Tage.

5. In den Hundstagen von Margarethen (20. Juli) bis Laurentius (10. August) sollen nach uhralter Gewohnheit über den halben Mittwochen und Sonnabend noch 2 halbe Tage den Schülern, für sich etwas zu repetiren oder sonst zu lesen und darnach einer zuläßlichen recreation sich zu gebrauchen, gegeben werden.

6. Die Fastnacht und andre Feyertage aber, wie sie nahmen haben mögen, sollen hiermit gantz aufgehoben und verbothen werden.

Ob diese Vorschläge des Egenolf in der Praxis eingehalten worden sind, läßt sich schwer erweisen.

Der Schulgeldsatz in den Winkelschulen und für Privatinformation der Armenschullehrer bleibt das gantze achtzehnte Jahrhundert hindurch derselbe. Es ist zu zahlen für Kinder, welche lesen, 6 Pfennige wöchentlich; für solche, welche lesen und schreiben 1 Groschen und für solche, welche lesen, schreiben und rechnen 1 Groschen 6 Pfennige.[3] Dazu kommt noch wöchentlich je 1 Pfennig für Papier, Tinte und Federspule. Für eine kinderreiche Familie ergibt sich ein immerhin hohes Schulgeld. Erst 1805 findet sich ein erhöhter Schulgeldsatz: Erster Unterricht 1 Groschen, für die das Lesen begriffen habenden Kinder 1 Groschen 6 Pfennige, für die Größeren, die schreiben und rechnen 2 Groschen.[4]

Wie sah es in den Schulen selbst aus? Die Schulräume waren von dem Informator gemietet, und bei seinem geringen Einkommen wird er keine besonderen Aufwendungen für die Ermietung des Schulraumes gemacht haben, den er außerhalb des Unterrichts — und wohl oft auch während desselben — als Wohnraum mit seiner Familie benutzte. Die Ausstattung der drei 1711 eröffneten Armenschulen war laut

---

[1] D. R.-A. B VIII 12b Vol. I.
[2] D. R.-A. B VII a 2.
[3] D. R.-A. B VIII 60b.
[4] D. R.-A. B VII b 20.

Rechnung¹ eine sehr geringfügige. Das Inventarverzeichnis der 1715 auf der Borngasse errichteten Armenschule ist schon etwas reichhaltiger.² Aus diesem Inventarverzeichnisse geht hervor, daß die Tafel, an deren vier Seiten die Kinder saßen, mit der schmalen Seite dem Lehrer zugekehrt war; denn es ist von „2 Querbänkgen oben und unten" die Rede. Ein Teil der Kinder kehrte also dem Lehrer den Rücken zu. Für vierzig Kinder war Sitzgelegenheit zu gleicher Zeit wohl kaum vorhanden; ein Teil der Kinder stand wohl in der Nähe der Wandtafel, um dort zu rechnen oder aufzusagen. Neander bittet unter dem 29. August 1714 um eine vierte Bank, weil die meisten seiner Kinder schreiben, nicht aber alle sitzen können.³ In den Winkelschulen mögen die Verhältnisse noch schlimmer gewesen sein. Heyne wird von einem Konkurrenten, dem Armenschullehrer Tharand, angezeigt, daß er ihm die Kinder wegnähme, obgleich er nicht bloß die Stube, sondern auch die Küche und den Alkoven mit Schülern vollgefüllt habe.⁴

Die in den Händen der Kinder befindlichen Lehrbücher waren Bibel, Katechismus und Gesangbuch. Der Umstand, daß diese Bücher auch in größerer Anzahl als Inventarstücke aufgeführt sind, läßt erkennen, daß sie den Kindern leihweise überlassen wurden. In Inspektionsberichten finden wir wiederholt, daß die Lehrer ermahnt werden, die Kinder anzuhalten, mit den geliehenen Büchern sorgsam umzugehen und abgehenden Kindern die Inventarstücke abzunehmen. Der Katechismus war der sogenannte Dresdner Katechismus, auch kurzweg Kreuzkatechismus genannt. Die fünf Hauptstücke waren hier in Frage und Antwort umgearbeitet und mit Beweisstellen aus der heiligen Schrift versehen. Von diesem Kreuzkatechismus gab es einen Auszug für die jüngeren Schüler. Auch eine Lesefibel wird erwähnt.⁵

[1] D.R.-A. Rechnung über die vorm Pirnaischen Thore allhier Neujahr 1711 auffgerichteten drey Armen- oder Frey-Schulen. Bl. 6.
   3 Thlr. 17 Gr. dem Tischler Johann Friedrich Grundmann vor 2 Tafeln, 1 Schwarze Schreibe-Tafel, 5 Lange und 2 kurze Bänke in des ersten Informatoris Gottfried Kobersteins Schule.
   3 Thlr. 4 Gr. vor 1 lange Tafel, 4 Bänke, 1 Tafel in des andern Informatoris Franz Müllers Schule.
   1 Thlr. 17 Gr. vor 1 lange Tafel, 2 Schoß-Bänke, 3 Bänke und 1 Schwarze Schreibetaffel in des dritten Informatoris Joh. Jakob Geißlers Schule.

[2] Ebenda Bl. 10. Es sind verzeichnet eine alte lange Tafel, 2 gleiche an derselben stehenden Schoßbänke — 3 neue Bänkgen als 2 Quer Bänkgen unten und oben an der Tafel und 1 etwas länger — eine schwarze hölzerne Rechen- oder Schreibtafel — H. M. Nicolai Haasens in Schweinsleder gebundne Bibel — 2 Hallische gleichgebundne Bibeln des H. Baron von Canstein Edition — 12 St. neue Testamente mit angehengten Psalter — 12 St. Dreßdnische Catechismi — 12 St. Dreßdnische Gesangbücher.

[3] D.R.-A. B VIII 13b S. 40b.

[4] D.R.-A. B VIIa 72 S. 32.

[5] Schulrat Bünger führt in seiner „Entwicklungsgeschichte des Volksschullesebuches" (Leipzig, Dürrsche Buchhandlung 1898) auf S. 65 ein Dresdner

Da der Bücherschatz der einzelnen Schulen sich zumeist aus zufälligen Schenkungen zusammensetzte, konnte es vorkommen, daß in ein und derselben Schule dreierlei Gesangbücher geführt wurden.[1]

Außer der Schiefertafel besaßen die Kinder ein Büchelchen, in welches Buchstabenformen, Gebete und Lieder, die die Informatoren wohl vielfach selber dichteten,[2] eingetragen wurden.

An Lehrbüchern für die Hand des Lehrers werden erwähnt Löschers · „Unterricht vom wahren Christenthum", Herrn Löschers Fragen, Günthers „Himmelsweg", Lendrichs „Kleine Historienbibel", „Arndts wahres Christenthum" und „Paradiesgärtlein". Aus diesen Büchern mußte auch dann und wann ein Kind vorlesen, worauf der Lehrer die Erklärung gab.

Lesebuch an, das den Titel führt: „Das A B C cum notis variorum, von Einem, dessen Namen im A B C stehet. (Leipzig u. Dresden bei J. Th. Miethen 1695.) Zu jedem Buchstaben ist ein Merkvers gegeben, z. B. zu F: Wer Lust will haben zu Bett und Tische, der halte sich an eine Frische. — Zu X: Dreimal sechs ist 18 nur, Xantippe war 'ne böse Hur. — Ein Rätsel bei dem Buchstaben A ist geradezu als bodenlos gemein zu bezeichnen. Bünger selbst hält es für fast unglaublich, daß das Büchlein im Unterricht gebraucht worden sei; doch die Spuren der Kinderhände in dem Exemplar, welches ihm vorgelegen, die Ausmalung des Gockels auf dem Titelbilde lassen es ihm wieder wahrscheinlich erscheinen. Das Zeitalter Augusts des Starken hatte die bürgerliche Moral derart untergraben, daß es nicht unmöglich ist, daß derartige Laszivitäten in der Winkelschule sich breit machten.

[1] D.R.=A. B VIII 36. In der Schule am See finden sich als Inventar acht Gesangbücher in drei Ausgaben: Dresdner, Freiberger und Zimmermannsche Ausgabe.

[2] Diese Lieder sind oft von recht wässeriger Mache; hier Strophe sechs und acht aus einem neunstrophigen Liede. D.R.=A. B VIII 13b Bl. 74.

Die milden Geber und Patronen	Gieb, daß wir solche Leute werden,
So Armen=Schulen noch beystehn,	Die fromm, gelehrt und höfflich sind
Die wollest du dafür belohnen	Und unsre Mühe hier auf Erden
Mit tausendfachem Wohlergehn.	Bey Gott und Menschen Liebe find;
Du nimmst, was man an uns gethan,	Schleuß jeden eine Werkstatt auf
Ja selbst als eine Wohlthat an.	Und gieb der Arbeit guten Lauff.

IV.

Die innere Organisation der Armenschulen.

(Löschers Instruktion als Lehrplan — Stundenpläne — Kreußigs Demonstratio didactica — der Betrieb des Religionsunterrichts, des Lesens, Schreibens und Rechnens — Schulversäumnisse — Schuldisziplin — Löscher als Pädagog.)

Die Lehrbuchfrage hat uns schon auf den andern Teil der Organisation der Armenschule, auf den innern Betrieb, auf das Gebiet der Stoffauswahl und Stoffbehandlung hinübergeführt. Hier werden drei Schriftstücke maßgebend, die schon eingangs erwähnte Instruktion Löschers, die bei den Akten befindlichen Stundenpläne und des Armenschullehrers Kreußig Demonstratio didactica.

Es ist nicht uninteressant, die allmähliche Entstehung von Löschers Instruktion[1] zu verfolgen. Das Konzept, von Löscher mit eigner Hand niedergeschrieben, trägt die Überschrift: „Entwurff zu einer Instruction vor die Praeceptores der Armen=Schulen." Wir finden in diesem Entwurf die spätere Instruktion in ihren wesentlichen Punkten festgelegt. Das Schriftstück trägt kein Datum; es ist jedoch eingeheftet zwischen zwei Aktenstücke, die das Datum 20. September 1710 und 23. September 1710 tragen. Löschers Entwurf findet die Billigung des Rates; der Rat hat nur hinzugefügt Punkt 3, von der Anzeige des Wohnungswechsels und Punkt 4, die Aufhebung der Konzession betr. Vor der endgültigen Veröffentlichung arbeitete Löscher den Entwurf nochmals um; Erweiterungen finden sich nicht weniger als an sieben Stellen.

Diese Instruktion atmet völlig den Geist Löschers, des gewaltigen Theologen aus der alten Wittenberger Schule, genannt die letzte Säule der Orthodoxie.

Die Erziehung des Kindes zur Pietät, zu jener das ganze Wesen des Menschen durchdringenden Religiosität, die all sein Denken und Tun bestimmen soll, das ist der Zweck des Volksschulunterrichtes, gegen den alle anderen Bestrebungen zurücktreten müssen. Für den Religions=

---

[1] Beilage A.

unterricht allein wird Stoff und Methode bestimmt; Lesen, Schreiben und Rechnen bleiben völlig unerwähnt. Das schließt den Betrieb dieser Fächer in der Schule nicht aus; sie werden aber nur berücksichtigt, weil sie den Betrieb des Religionsunterrichts unterstützen.

Die Pflege des Gebetes wird den Informatoren besonders bringend ans Herz gelegt; unter den neun Punkten, wie die Pietät den Kindern beizubringen sei, behandeln drei — a, c und k, — die Wichtigkeit des Gebetes. Sodann ist Gewicht zu legen auf die Erlernung der Katechismuslehren, die den Kindern in aufsteigenden Stufen nach dem Catechismus Lutheri, nach dem Auszug aus dem Dreßnischen Katechismus und endlich nach dem vollen Dreßner Catechismus darzubieten sind. Wie nach Punkt e den Kindern die Erkenntnis Gottes und ihrer selbst und der im Argen liegenden Welt, nicht minder die biblische Historie beizubringen sei, dafür soll künftig mit besondrer Anweisung geholfen werden. Dies Versprechen ist jedenfalls eingelöst worden durch das Schriftchen Löschers „Unterricht vom wahren Christenthum", das uns aber selbst nicht zu Gesicht gekommen ist. Die Lehrer sollen sich nach Punkt f besonders des verderbten Willens der Kinder treulich annehmen; die Lehre von der Erbsünde ist eine der theologischen Grundlagen damaliger Zeit. Freundlich mutet es uns an (Punkt g), daß die Informatoren aufgefordert werden, auf der Kinder Wandel zu achten und zuweilen in der Eltern Häuser zu gehen und der Hauszucht wegen glimpfliche Erinnerung zu tun. Der Ermahnung, daß die Kinder die zu ihrem Christenthume gehörigen Dinge nicht nach der Larve und ohne Nachdenken lernen sollen, wird in der Praxis leider nicht nachgekommen; die Forderung, „die Kinder zu innerlicher Aufmerksamkeit zu gewöhnen, die Sache mit leichten Gleichnüssen oder sonst zu erklären, auf sie absonderlich appliciren und die Kinder zuweilen selbst ein und ändern Schluß aus dem, was sie gelernet haben, machen zu lassen", erinnert an die Forderungen der neuern Pädagogik; das Darbieten, Verknüpfen und Anwenden der Dörpfeld-Ziller-Reinschen Schule wirft hier seine Schatten voraus.

Dieses völlige Indenvordergrundstellen des Religionsunterrichtes spiegelt sich naturgemäß auch in den Stundenplänen wieder. Die zwanzig wöchentlichen Lehrstunden waren verteilt auf sechsmal zwei Stunden vormittags und viermal zwei Stunden nachmittags. Der im Anhange (Beilage K) befindliche Stundenplan Geißlers aus dem Jahre 1711[1] gibt eine genaue Übersicht über den Schulbetrieb einer Woche. Dem Religionsunterrichte sind zwölf Stunden gewidmet. Buchstabieren und Lesen tritt nur viermal auf (zweimal lateinisch, zweimal deutsch); vom Betrieb des Latein in der Volksschule hat man sich noch nicht ganz losreißen können. Schreiben und Rechnen sind mit je zwei Stunden bedacht. Ob auf diese Fächer aber eine ganze Stunde ent-

---

[1] D. R.-A. B VIII 13b S. 20.

fällt, scheint fraglich, wenn wir die überreiche Menge von Gesängen und Gebeten zu Beginn und am Schluß des Unterrichtes in Betracht ziehen;[1] wenn wir ferner bedenken, daß in den Lese=, Schreib= und Rechenstunden auch noch das Aufsagen und Überhören der Abteilungen Platz finden mußte, die sich mit Auswendiglernen beschäftigt hatten, als sich der Lehrer ihnen nicht widmen konnte. — Ein zweiter bei den Akten befindlicher Stundenplan, der auf das Jahr 1712 zu legen und dessen Verfasser unbekannt ist,[2] läßt bereits das Lesen aus dem lateinischen Katechismus weg und trennt das Buchstabieren der Großen und Kleinen; ein dritter Stundenplan, 1714 von Neander niedergeschrieben,[3] bringt das Rechnen bereits an vier Nachmittagen. Die Schulgebete hatte Löscher zum Teil selbst verfaßt; es befinden sich sechs derselben bei den Akten (Beilage F).

Das dritte Schriftstück endlich, das uns Aufschluß über Lehrplan und Methode in den Armenschulen gibt, ist eine vierundzwanzig Seiten lange, auf Großquart geschriebene Abhandlung, die der Armenschullehrer Kreußig unter dem Titel „Demonstratio didactica" verfaßte (Beilage E). Diese Demonstratio trägt das Datum vom 12. September 1713. Auf dieses Datum fällt nun ein anderes äußerst wichtiges Ereignis aus dem Dresdner Schulleben jener Zeit. In der Lebensbeschreibung Löschers,[4] herausgegeben von seinem Schwiegersohne D. Theob. Crüger, der Löschers Leben und Wirken chronologisch nach den einzelnen Lebensjahren schildert, heißt es: 1713 … „nahm sich auch derer geringsten Armen=Schulen an durch seinen gedruckten Unterricht von Verbeßerung derer niederen Schulen … rieff alle Schulmeister in seiner Ephorie am 12. September zusammen und wieß ihnen, wie sie ihre Catechisation verbeßern sollten." Am 12. September 1713 hat also — um modern zu reden — die erste amtliche Bezirkskonferenz der Lehrerschaft der Dresdner Ephorie stattgefunden. Wir können nun kaum annehmen, daß Kreußig diesen 12. September benutzt hat, um dem gerade an diesem Tage vielbeschäftigten Löscher eine Privatarbeit zu überreichen; wir werden vielmehr nicht fehlgehen, wenn wir die unter diesem Tage datierte Demonstratio didactica als eine Art Konferenzarbeit ansehen, die zum Vortrag kam und an die Löscher seine Gedanken über Verbesserung der Katechisation anknüpfte.

Kreußig hat die Demonstratio sicherlich im Auftrage und vielleicht auch unter der Mitwirkung Löschers abgefaßt; der Verfasser be=

---

[1] Die Schulordnung vom Jahre 1724 bestimmt, daß über 6 Stücke nicht gebetet werden. A. Richter, Kursächs. Volksschulordnungen. S. 45.

[2] D. R.=A. B VIII 13b S. 26.

[3] Ebenda S. 40.

[4] Lebenslauf Weyl. Tit. Herrn D. Valentin Ernst Löschers, aus dessen eigenhändigen Nachrichten und auf dessen ertheilte schriftliche Anordnung, verzeichnet von D. Theob. Crüger, Past. und Superint. in Chemnitz. S. 71.

ruft sich geradezu auf Anordnungen Löschers;[1] die Schrift enthält eine Menge Anklänge nicht nur an die Instruktion vom Jahre 1710, sondern auch an die Schulordnung vom Jahre 1724, so daß wir wohl berechtigt sind, die Demonstratio als eine Art Unterrichtsprogramm, mindestens aber als einen Ausdruck der Meinungen Löschers über den Unterrichtsbetrieb hinzustellen. Daraus erklärt sich wohl auch das Vorhandensein dieser Demonstratio in den Dresdner Ratsakten. Die Abhandlung Kreußigs ist ein ausführlicher Stundenplan und eine Art Lehrplan zugleich; für jede Unterrichtsstunde der ganzen Woche ist der zu behandelnde Stoff angegeben und die Art und Weise des Betriebes eingehend besprochen. Die zwanzig wöchentlichen Unterrichtsstunden sind verteilt auf zwölf Stunden Religion, acht halbe Stunden Lesen und je vier halbe Stunden Schreiben und Rechnen. Mit heißem Bemühen versucht Kreußig seiner schwierigen Aufgabe hinsichtlich des Religionsunterrichtes gerecht zu werden. Nicht weniger als zehn Bücher kommen zur Verwendung: Luthers kleiner Katechismus, der Auszug aus dem Dreßnischen Katechismus, der Dresdnische Katechismus selbst, Günthers Himmelsweg, Löschers Unterricht vom wahren Christenthum, Lendrichs kleine Historienbibel, M. Quirsfelds Fragen, das Alte und das Neue Testament, der Psalter, das Gesangbuch. Dazu wird Montags die Predigt vom vorhergehenden Sonntag abgefragt und Sonnabends das Sonntagsevangelium behandelt. Die dabei angewandte Methode — soweit man hier überhaupt von Methode reden kann — ist die des Auswendiglernens von Erklärungen in Frage und Antwort.[2] Da die Kinder nicht im Besitze von Büchern wie Günthers Himmelsweg, Löschers Christenthum und Quirsfelds Fragen sind, so werden jedesmal drei Fragen (Montag und Donnerstag Günther, Dienstag und Freitag Löscher, Mittwoch und Sonnabend Quirsfeld) an die Tafel geschrieben oder diktiert und dann mit der Antwort auswendig gelernt, unbekümmert darum, ob nicht schon der Inhalt einer Frage den Stoff zu wochenlangen Unterredungen biete.

Wir begrüßen es als einen gewaltigen Fortschritt im Unterrichtsverfahren, wenn Kreußig sagt, daß er seinen Kindern jederzeit „permittire, was sie nicht verstehen zu fragen; denn solches verursacht eine

---

[1] D. R.-A. BVIII 13b Bl. 31. Im Rechnen aber, welches besonders bei denen armen-frey Kindern mit zu exerciren von Jhro Magnificenz Herrn D. Löschern anbefohlen worden, verfahre usw.

[2] Daß diese Erklärungen vielfach über das Verständnis der Kinder hinausgingen, zeigen folgende Fragen und Antworten aus dem Dresdner Katechismus. 106. Was ist die Erb-Sünde? Die Erb-Sünde ist nicht nur die Beraubung des anerschaffenen Ebenbildes Gottes, sondern auch eine schreckliche Verderbniß in dem Verstande, Willen und in allen Kräften des Menschen, dadurch er zu allem Guten untüchtig und hingegen zu allem Bösen von Natur geneigt ist und daher auch dem Fluch des Gesetzes und dem Tod unterworfen sein muß. 308. Was ist die Hölle? Es ist der Ort der Quaal, in welchem alle Verdammten, sammt den bösen Engeln ewiglich von Gottes freudenreichem Anschauen abgesondert und ohne Aufhören mit unaussprechlicher Pein an Seel und Leib gequält werden sollen.

viel größere Impression, als wenn mann sie zum auswendig Lernen zwinget." Allein dieser methodische Fortschritt erfährt eine Einschränkung, ja wird ganz aufgehoben durch eine spätere Bemerkung: „Dahero es also sehr nöthig, daß man ein Kind darbey öffters frage, ob und wie es dieses und jenes verstehe; und da ist's am besten, es bleibt bey dem Worte Lutheri." Das sonntägige öffentliche Katechismusexamen gibt der gesamten Schularbeit Richtung und Gepräge. Selbst die wenigen Stunden für Lesen und Rechnen werden oft unter dem Gesichtswinkel des Katechismusexamens angesehen. Kreußig schreibt selbst: „Zuweilen diktire ich obige erste Stunde (Montag, Dienstag, Donnerstag und Freitag nachmittags für Schreiben und Aufsagen bestimmt) auch wohl denen Untergebenen aus demjenigen Penso catechetico, welches auff bevorstehenden Sonntag im Catechismi Examine vorkömmt, die nöthigsten Fragen nebst denen darüber fürkommenden Beweißgründen heiliger Schrift." Und weiter: „Die jetzt oberwehnte andere halbe Stunde im Rechnen (vier halbe Stunden wöchentlich) setze zuweilen aus und wende solche nebst der noch apparten Vormittägigen letzten halben Stunde zur Catechisation an, nachdem ich dann finde, daß eine nöthige Lehre auff künfftigen Sonntag in publico Examine catechetico vorkommen will."

Kreußig selbst hat das Gefühl, daß die Überfülle des Stoffes Geist und Gemüt der Kinder ertöten müsse; darum hat er Mittwoch und Sonnabend je eine Stunde Katechisation angesetzt, in welcher er „vor allen Dingen der lieben Jugend die wahre Gottesfurcht als der Weißheit Anfang wohl einzuprägen sucht, daß man die lernende Jugend nicht zu äußerlichem und langwieligem Gepläpper, sondern zur wahren Erkenntnuß und Furcht Gottes gewehne." Hätte das nicht auch die Aufgabe der übrigen zehn Religionsstunden sein sollen?[1]

---

[1] Wenn man die Menge des zu bewältigenden religiösen Lehr- und Memorierstoffes in Betracht zieht, so erscheinen zwölf Religionsstunden kaum zureichend. Nach der „Instruction, wie die Information in denen Teutschen Schulen der Chur-Sächsischen Lande anzustellen" vom Jahre 1724 ist dies auch der Fall. Dort heißt es „§ 11 Demnach soll alle Morgen die erste Stunde darzuaus gesetzet seyn, daß nach verrichtetem Gebeth, entweder der Praeceptor, oder ein tüchtiger Schüler, ein Capitul aus der Bibel lese. Am Dienstag, Donnerstag und Sonnabend sollen die Historischen Bücher der Bibel, und zwar, das erste, andere und vierdte Buch Mosis, die Bücher Josua, der Richter, Ruth, Samuelis, der Könige, Esther, Chronica, Nehemia, die Evangelisten und Apostel-Geschicht, gelesen werden (3 Stdn.). Am Mittwoch und Freytag aber sollen die Psalmen, so nicht auswendig gelernet werden, ingleichen die Sprüche Salomonis, die Episteln Pauli, Petri, Jacobi, Johannis u. Judä samt dem Buch Syrach, gelesen werden (2 Stdn.). Des Montags bleibt diese Stunde zum Examine aus der gestrigen Sonntags-Predigt ausgesetzt (1 Std.). § 12. Zu dem Ende wird jetzt-gedachter Auszug (Dreßdnischer oder Creutzkatechismus) und hernach die Erklärung des Catechismi täglich eine oder anderthalb Stunde tractiret (6 bis 9 Stdn). § 13. Nebst solcher Catechismus-Stunde ist auch nöthig, wöchentlich zwey Spruch-Stunden auszusetzen (2 Stdn.). § 14. Es sind auch

Im Lesen hat Kreußig seine Schüler in vier Classes oder Ordnungen geteilt. Die erste Abteilung, die ältesten Schüler, buchstabieren im Neuen Testament und lesen dann das Buchstabierte. Der erste Knabe beginnt mit lauter Stimme, die anderen buchstabieren leise mit, bis die Reihe an einen jeglichen kommt. Als besondere methodische Feinheit hebt Kreußig hervor, daß er auch außer der Reihe lesen lasse, um zu sehen, ob jeder auf sein Pensum acht habe und daß er zum Schluß alle zehn auf einmal lesen, dabei die Stimmen heben und senken läßt, damit sie deutlich, langsam und distincte sprechen.

Mit der zweiten Abteilung verfährt Kreußig in derselben Weise, nur daß hier aus dem großen Katechismus gelesen wird. Nach Schluß der Lektionen schreiben zweite und erste Abteilung die für Sonntag gesetzten Sprüche von der Tafel ab.

In derselben Weise verfährt dann Kreußig mit der dritten und vierten Abteilung. Das Lesebuch wird nicht genannt; es ist jedenfalls die Fibel. Die letzte Abteilung wird im ersten Jahre oft gar nicht vorgenommen; die Kleinen hatten sich vor allem im Stillesitzen zu üben.

Diese Gliederung in vier Abteilungen und ihre Beschäftigung ist nicht ganz deutlich. Was macht die erste, dritte und vierte Abteilung, wenn die zweite liest? Wenn die dritte Abteilung ihre Lektion beginnt, schreiben die beiden ersten Abteilungen; womit beschäftigt sich aber die dritte Abteilung, wenn sie mit Lesen fertig ist? Das Allerwichtigste, nämlich wie den Anfängern die schwere Kunst des Lesens beigebracht wird, bleibt unerwähnt.[1]

wöchentlich zwey Psalter=Stunden zu halten (2 Stdn.). Ingleichen sind wöchentlich ein oder zwey Lieder=Stunden zu halten, da die christlichen Lieder zuvor abgelesen werden, und wenn etwas wegen ihres Verstandes zu erinnern, solches angemerket (1 bis 2 Stdn.)." Im ganzen werden also siebzehn bis einundzwanzig Stunden Religionsunterricht wöchentlich gefordert; dabei ist noch nicht die Stunde erwähnt, in der der Predigttert der kommenden Sonntags behandelt wird. — Ein Verzeichnis des religiösen Memorierstoffes ist uns nicht aufgestoßen; nur aus den verschiedenen Stundenplänen und gelegentlichen Anmerkungen läßt sich derselbe zusammenstellen. Er umfaßte sämtliche biblische Geschichten des Alten und Neuen Testamentes, zumeist nach Lendrichs Historienbibel, die messianischen Weissagungen des alten Testamentes, von den Weissagungspsalmen den 2., 8., 16., 22., 23., 24., 110. usw., von den Lehrpsalmen den 1., 14., 15. und 19., von den Creutz= und Trostpsalmen den 3., 13., 25., 27., 46., 90., 91. usw., von den Lob= und Dankpsalmen den 34., 67., 103., 104. und 117., von den Buß=psalmen den 6., 32., 38., 51., 102., 130. und 143. Weiter waren auswendig zu lernen das Matthäusevangelium bis auf geringe Bruchstücke, ganze Kapitel aus den Episteln, die fünf Hauptstücke, die Beichte, die Haustafel, die Morgen=, Abend= und Tischgebete, die 541 Fragen und Antworten des Creutzkatechismus mit den dazugehörigen 1130 Sprüchen und endlich eine große Zahl von Gesangbuchsliedern. Wie dieser gewaltige religiöse Lehr= und Memorierstoff auch nur annähernd zum Verständnis und geistigen Eigentum der Kinder gebracht werden konnte, bleibt unverständlich.

[1] Die Schulordnung vom Jahre 1724 zeigt bereits klare Gliederung in drei Abteilungen und bestimmte Beschäftigung jeder derselben. — In einem Konzept aus dem Jahre 1740 (D. R.=A. B VIII 36), welches die Überschrift trägt: „In-

Das Rechnen[1] ist wöchentlich mit vier halben Stunden angesetzt. Die Regel wird nicht entwickelt, sie bildet vielmehr den Ausgangspunkt der Operation. Die Schüler sind in zwei Abteilungen geteilt, in die Incipientes und in die Progredientes. Die Incipientes kommen vor an die schwarze Tafel, das Exempel ist angeschrieben, ein Schüler nach dem andern hat es nochmals mit lauter Stimme vorzurechnen. Den Progredientes wird die Regel diktiert, nach welcher das Exempel zu rechnen ist. Finden sie die Lösung nicht, so wird die Operation an die Tafel geschrieben und von den Schülern durchgegangen; nach dem Musterbeispiel werden dann weitere Aufgaben gerechnet. Die Progredientes scheinen darnach angewandte Aufgaben, wahrscheinlich leichte Preisberechnungen zu lösen, während die Incipientes mit den Elementen der unbenannten Zahlen arbeiten.

In der Schreibstunde (wöchentlich vier halbe Stunden) üben sich die Kinder im Nachmalen von Grundstrichen, Buchstaben und Wörtern; es werden auch größere Sätze und Sprüche nach Vorschriften geschrieben. Zuweilen wird in dieser Stunde auch diktiert „ein Brief, Historie, explicirtes Dictum biblicum, Vermahnung zum Fleiß, Gehorsam und wahre Pietät." Diese Diktate oder vielmehr Abschriften von der Wandtafel können als die Anfänge des deutschen Aufsatzes angesehen werden; in dem Diktieren „aus dem Kopf in die Feder" nehmen wir die ersten Anzeichen eines deutschsprachlichen Unterrichtes war.

Besondere Gesangsstunden werden nicht erwähnt; doch muß Gesangunterricht erteilt worden sein zur Erlernung der Lieder, die zu Beginn und am Schlusse des Unterrichts und beim Katechismusexamen gesungen wurden.

Daß die Mädchen auch Gelegenheit hatten, die weiblichen Handarbeiten zu erlernen, ersehen wir aus dem Verhör der Anna Regina Winter, die vor dem Superintendenten aussagt, „daß sie sonst die Kinder im Nähen unterweise, letzthero auch im Christenthum."

Der Betrieb irgendwelcher realistischer Fächer findet nicht statt.

Das ist in Kürze ein Bild vom Unterrichtsbetrieb in den Dresdner Armenschulen zu Beginn des achtzehnten Jahrhunderts, wie es sich aus Löschers Instruktion, aus den Stundenplänen und Kreußigs Demonstratio didactica ergibt. Es ist wenig, was den Kindern geboten wird; doch es entspricht dem Zeitbedürfnisse, und es wäre nicht angebracht, mit pharisäischem Hochmut auf diese geringen Leistungen

---

struction, wie die Information in denen Armen=Schulen zu tractiren," sind die Kinder in zwei Abteilungen, die Großen und die Kleinen, geteilt. Ob diese Einteilung von 1740 ab durchgeführt worden ist, läßt sich nicht ersehen.

[1] Der Rechenunterricht wird erteilt nach Chr. Pescheds „Anfahender Rechenschüler". Das ist: Eine deutliche Anweisung, wie man einen Schüler zu der edlen Rechenkunst Erstlich durch kindische und hernach durch nützliche im häuslichen Leben täglich vorkommende Exempel anführen und ihn zu dieser unentbehrlichen Wissenschaft bey Zeiten spielend praepariren soll. Leipzig u. Zittau.

herabzusehen. Es war eine mühselige Zeit zu Beginn des vorigen Jahrhunderts. Noch waren die Wunden, die der Dreißigjährige Krieg geschlagen, nicht vernarbt, und schon durchtobten wiederum zwei furchtbare Kriege, der Nordische Krieg und der Spanische Erbfolgekrieg, das gequälte Deutschland. Das Volk brauchte seinen Gott; von ihm, dem alleinigen Helfer in Trübsal, zu hören und zu lernen, war das erste, war vielfach das alleinige Bedürfnis. Kapitel 10 der württembergischen Schulordnung vom Jahre 1559, die für die Schulordnungen aller übrigen deutschen Länder und für Sachsen insbesondere maßgebend geworden, stand in seinem zweiten Teile fast in alleiniger Herrschaft: „Schulen sind nicht anzusehen als eine bloße Bereitung zum bürgerlichen Leben, sondern als Werkstätten des heiligen Geistes, darinnen die Kinder zur Furcht Gottes sollen angewiesen werden."[1]

Ein Übelstand, der die Entwicklung der Volksschule vor allem hindert, ist das Fehlen des Schulzwanges. Die Kinder kamen zur Schule oder blieben weg, ganz wie es ihnen oder den Eltern beliebte. Die Klagen der Lehrer über den unregelmäßigen Schulbesuch nahmen kein Ende.[2] Als M. Hahn, Diakonus an der Kreuzkirche,[3] die Schulmeister wegen der geringen Kenntnisse der Kinder öffentlich beim Katechismusexamen zur Rede setzt, reichen diese eine Beschwerdeschrift ein. In diesen „Gravamina" wird ausgeführt, daß der mangelhafte Schulbesuch der Kinder die Ursache ihrer geringen Fortschritte sei; zu jeder Jahreszeit fänden sie Gründe, wegzubleiben; wenn die Lehrer ihrer Roheit steuern wollten, so nähmen sie die Eltern aus der Schule.[4] Über besondere Disziplinarfälle, die Schüler betreffend, Überschreitung des Züchtigungsrechtes usw. wird in den Akten nichts berichtet. Der Bakel, der dem Rektor der Kreuzschule bei seiner Ein-

---

[1] Schmid, Encyklopädie, Bd. 8, S. 178.

[2] D. R.=A. B VIII 13b S. 19. Koberstein schreibt bei Beginn des neuen Schuljahres 1712: 18 Kinder sind „ohne mein Vorbewust" weggeblieben, 3 Kinder haben es mir zuvor zuwissen gethan, daß sie wollen bleiben wollen und sich bedanket; 22 Kinder sind wiedergekommen, 14 neu eingetreten. — Ebenda S. 110. M. Pötting beschwert sich bei einer Visitation seiner Schule über den unregelmäßigen Schulbesuch der Kinder; „wenn sie ein bar Dage gekommen, so würden sie wieder zu Haußse behalten; waß sie in den wenigen Tagen gelernet, hätten sie nachher wieder vergessen, daß sie zu keiner christl. Vollkommenheit gelangen könnten. — Bei einer Inspektion der Schule auf der Ramschen Gasse im Jahre 1717 fehlen von neunundzwanzig Kindern elf, unter andern Hoffmann, Vater ein abgedankter Soldat, „so auß höchster Nothdurfft muß Betheln gehn" — Schneider, „welcher gantz verhungert und krank ist". Auf der Pirnschen Gasse fehlen von sechsundzwanzig Kindern sechs, unter andern: Heumann, ein armes Kind, Vater und Mutter gehn betteln — Bach ist ein armer Knabe, der stets betteln geht — Kunad, ein armseliger blinder Knabe. (D. R.=A. B VIII 11a.)

[3] Er wurde 1726 von dem Konvertiten Franz Laubler in seiner Wohnung ermordet.

[4] D. R.=A. B VIII 12b S. 130. „Ist es Winter, so können solche fast nackende Kinder wegen großer Kälte nicht bauren, in Frühling und Herbst aber wegen großen Koth und Regen auff der Gaßen nicht fortkommen; auch im

weisung ins Amt feierlich überreicht wurde, regierte auch in der Armen=
schule. Ein „Zuviel" war jedenfalls nicht eine Sache, die es wert
war, aktenkundig gemacht zu werden.

Nicht zu leugnen ist, daß die Schuld an den geringen Erfolgen
in der Schule zum teil an den Präzeptoren selber liegt. Auch unter
den Armenschullehrern befanden sich einzelne unwürdige Persönlichkeiten,[1]
und was M. Heße vom Waisenhaus, der im Jahre 1735 im Auftrage
des Rates die Armenschulen inspizierte, in seinem Revisionsbericht anführt,
klingt wenig erbaulich (Beilage G). Die Klassen enthalten statt der vor=
geschriebenen vierzig oft nur zwanzig Schüler; „weil sie (die Infor=
matoren) ihre gewisse Besoldung haben, laßen sie es sich nicht sonderlich
angelegen seyn. Ein jeder Praeceptor hat die Schul=Stunden nach
seiner Willkühr angesetzet, so daß einer um 7, der andre um 8, der
dritte um 9 Uhr zu informiren anfänget. Was insonderheit die
Information selbst anlanget, so hat ein jeder Praeceptor selbige nach
seinen Einfällen eingerichtet, und die meisten haben Allotria getrieben,
hingegen das Hauptwerk, insonderheit den Unterricht im Christenthum,
sehr bey Seite gesetzet."

Sommer gehen Sie mit denen Eltern in der Erndte, Aehren lesen und deß
Sonntags auff denen Schenken betteln oder setzen Kegel auff, hüten die Kühe
und kommen also nicht ins Examen und Vorgeben, so davon etwas auff dem
Leibe zu schaffen. — Wenn ferner ein treuer Praeceptor seiner Untergebenen
zeitl. und ewige Wohlfahrt möglichstem Fleißes befördern will und Sie daher zu
Ihren besten wegen ihrer Boßheit, Ungehorsam und Faulheit oder öffentl. ärger=
lichen Spielen, Rauffen, Schlagen und Schreyen pp. väterlich castigiret, so
nehmen vielmahls solche böße Eltern ihr Kinder deßwegen aus der Schule
sagen: Der Praeceptor habe nicht, waß auf den Gaßen, sondern was in der
Schule vorgehe, zu straffen und wißen also nicht, wie Sie Ihren Lehr=Meister
genug schimpffen und verlästern mögen und sagen auch wohl, ihre Kinder hätten
nichts gelernet, welches nicht alle Zeit wahr, sondern die Zucht und Ordnung
können Sie nicht leiden.

[1] D. R.=A. BVIII 12b S. 99. Ganz schlimm scheint es Franziskus Müller,
ein Conversus, 1711 an der dritten Armenschule angestellt, getrieben zu haben.
Von der Anna Sophie Rachaëlin wird angezeigt:
1. Daß Müller dumme Kinder aus der Schule jage.
2. Daß er während der Schulzeit zahlende Kinder privatim unterrichte.
3. Daß er zu Weihnachten zu den Kindern gesagt: „Ihr Kinder, vergeßet nicht zu Haußse euren Eltern zu sagen, daß sie dem Informator nicht vergeßen, sondern ihm auch bescheheren." Die Auswärtigen (Privatschüler) hätten bis zu ½ Gulden gegeben, von den armen ordinären Schülern hatte einer „zwei Schweißwürstgen" mitgebracht.
4. Oft müße die Frau oder die Magd Schule halten.
5. Vor dem jährlichen Examen, welches der Herr Superintendens zu halten pflege, habe Müller zu den Kindern gesagt: Wenn sie gefraget und examiniret würden, aber nicht antworten könnten, sollten sie sagen, sie wären nicht lange bey ihm in der Schule gewesen.

Die am 21. Januar 1716 angestellte Untersuchung bestätigt die Anklage,
insbesondere Punkt 3; die meisten der armen Freischüler hatten Geld mitgebracht.
Bei Punkt 2 stellt sich heraus, daß Müller drei Privatschüler für einen Groschen
wöchentlich informierte.

Das sind schwere Anklagen gegen die Armenschulen, wie sie hier erhoben werden, eine Beurteilung, wie sie vernichtender kaum ausgesprochen werden kann. Wo bleibt Löscher, der Verfasser vom „Unterricht vom wahren Christenthum", der Verfasser der Instruktion für die Armenschullehrer, der geistige Vater der Instruktion, wie die Information in denen teutschen Schulen der Chur=Sächsischen Lande anzustellen ist?

Es ist nicht leicht, ein völlig klares Bild der Tätigkeit Löschers für und seiner Verdienste um die Schule zu entwerfen. „Gegenstand ehrfürchtigen Staunens und bewundernder Liebe für alle, die ihn kannten", nennt ihn Pohle.[1] „Einen Mann von bösem, unchristlichem Sinne und vorsätzlicher Bosheit, in dem kein Funken wahrer Gottesfurcht sei, der ein gebrandmarktes Gewissen habe, ohne Scham lüge und trüge," nennt ihn sein Zeitgenosse Lange, Professor in Halle. „Seine Gebete und religiösen Beteuerungen, seine Provokationen auf seinen Seelenkummer sind nichts andres als leeres Blendwerk und gleichsam die Seele seines pharisäischen Heuchlerwesens, welches ich nach aller Wahrheit, in großer Gewißheit vor Gott schreibe," sagt derselbe Lange in einer Fakultätsschrift, die sogar der fromme, niemandem etwas zuleide tuende August Hermann Francke unterschrieben hat.[2]

Es ist das unbestrittene Verdienst Löschers, das Volksschulwesen Dresdens dadurch ein gewaltiges Stück gefördert zu haben, daß er die fünf Armenschulen gründete. Er stellte sie nicht nur durch die gesammelten Stiftungsgelder finanziell sicher, sondern er war auch nach seiner Weise um ihren innern Ausbau bemüht. Im Jahre 1711 hatte Löscher eine eingehende Kirchen= und Schulvisitation in Dresden=Stadt und =Land abgehalten; in den Mitteilungen aus dem Revisionsberichte an seine Confratres, einem Aktenfaszikel zugehörig, das die Aufschrift trägt: „Von der Verbesserung des Unterrichts im Christenthume,"[3] fordert er unter Punkt 3 auf, „die Schulen fleißig zu besuchen, denen Schulmeistern eine erbauliche Art zu lehren zu zeigen und insonderheit acht zu haben, daß es nicht bei dem bloßen recitiren bleibe, die Fastenexamina soviel möglich, Mann für Mann zu halten, die Eltern darzuzunehmen, wenn ihre Kinder examinirt werden, bevor sie zum ersten mahl communiciren." „Und weil zu einer zulänglichen Wissenschaft eines wahren Christen, zumahl nach der Beschaffenheit jetziger Zeiten nicht wenig gehöret und gar leicht etwas vergessen wird, so recommendire ich Jhnen wohlmeinend den heuer mit approbation

---

[1] Pohle, Der Seminargedanke in Kursachsen. S. 54.

[2] M. v. Engelhardt, V. E. Löscher nach seinem Leben und Wirken. S. 193 u. f.

[3] Haupt=Staats=Archiv, Von der Verbesserung des Unterrichts im Christenthum. Loc. 1893.

des Hochlöbl. Kirchen-Raths allhier edirten „Unterricht vom wahren Christenthum", daß Sie insonderheit Ihre Schulmeister, sich denselben bekannt zu machen, anhalten mögen. Dreßden, am 20. Nov. 1711."
Mit der Herausgabe des Unterrichts vom wahren Christenthume, einem Büchlein, das uns leider nicht zu Gesicht gekommen, löst Löscher jedenfalls das Versprechen ein, das er ein Jahr vorher in seiner „Instruction vor die Praeceptores der Armenschulen" unter Punkt 2 gegeben: Und kann ihnen in diesen Punkten (wie den Kindern die Erkenntnis Gottes und ihrer selbst, nicht minder die biblische Historie notdürftig beizubringen) künftig mit einer besonderen Anweisung geholfen werden.[1] Im Jahre 1721 veröffentlicht Löscher weiter die „Nötigen und nützlichen Fragen, welche die Lehrmeister in den deutschen Schulen denen Kindern der untersten, mittleren und oberen Klassen bei Erlernung des Catechismi Lutheri durch fleißiges Wiederholen bekannt machen können. Nebst einem Unterricht vom Gebet." Dieses Werkchen, kurz genannt „Löschers Fragen" ist nicht identisch mit dem Unterricht vom wahren Christenthum; denn bei der Visitation der Armenschule in der Pirnaischen Vorstadt werden als Inventarstücke der Unterricht vom wahren Christenthum und Herrn Löschers Fragen nebeneinander aufgeführt.[2] Diese Leitfäden Löschers, wenn wir seine Bücher so nennen wollen, scheinen aber nicht von maßgebender Bedeutung für den Unterrichtsbetrieb geworden zu sein. Wie hätte sonst M. Heße in seinem Revisionsbericht vom Jahre 1735 sagen können, jeder Präzeptor habe nach seinen Einfällen unterrichtet und die meisten hätten Allotria getrieben! Von der „Ordnung schulischer Dinge mit ebenso starker wie glücklicher Hand", die Pohle[3] Löschern nachrühmt, ist hier nichts zu

---

[1] Crüger, der Schwiegersohn Löschers, der eine Biographie des Gelehrten in chronologischer Reihenfolge der bemerkenswerten Geschehnisse gegeben hat, erwähnt unter dem Jahre 1713: „nahm sich auch derer geringsten Armen-Schulen an durch seinen gedruckten Unterricht von Verbeßerung derer niedren Schulen ... rief alle Schulmeister in seiner Ephorie am 12. Sept. zusammen und wieß ihnen, wie sie ihre Catechisation verbeßern sollten". Dieser „Unterricht von Verbeßerung derer niedern Schulen" dürfte nicht identisch sein mit dem „Unterricht vom wahren Christenthum". Wie Löscher 1711 seinen confratres empfahl, die Schulmeister auf seinen Unterricht vom wahren Christenthum aufmerksam zu machen, so wird er die Lehrer auf der Konferenz nochmals auf seine Anweisung hingewiesen haben. Eine theoretische Abhandlung über die Verbesserung der niedren Schulen wäre in damaliger Zeit nicht am Platze gewesen. Unterricht in den niederen Schulen und Unterricht im Christenthum waren Begriffe, die sich damals deckten; bespricht doch Löscher in seiner Instruktion für die Präzeptoren der Armenschulen nur den Religionsunterricht, ohne sich auf die übrigen Fächer des Volksschulunterrichtes einzulassen. — Auch des Theophili Georgi Allgem. Europäisches Bücherlexikon führt unter sechsundsiebzig Werken Löschers nur den 1712 erschienenen „Zulänglichen Unterricht im Christenthum" an; ebenso führt das Allgem. Bücher-Lexikon, „Verzeichnis der 1700 bis 1810 in Deutschland erschienenen Bücher", nur Löschers „Unterricht vom wahren Christenthum" auf.

[2] D. R.-A. B VIIa 115.
[3] Pohle, a. a. O. S. 54.

spüren. Ja, als sich M. Heße erbietet, "denen Praeceptoribus alle Anleitung zu geben; auch das erstemahl selbst zu informiren und ihnen zu zeigen, wie die Information soll tractiret werden," da stimmt Löscher beifällig zu. Hat Löscher den Armenschulen seine Fürsorge entzogen? Wo bleibt das von ihm 1718 gegründete consortium theologicum, eine Art Pädagogium für angehende Theologen und Schulmeister? Gerade Punkt 4 des Statutes[1] bestimmt, daß die Teilnehmer am Convict "bey den Armen- und Privat Schulen fleißige Nachfrage zu halten haben". Der unglückselige Streit mit den Pietisten hemmt seit der Mitte des zweiten Jahrzehnts des achtzehnten Jahrhunderts jede ersprießliche Tätigkeit Löschers auf dem Gebiete der Schule.

"Die Stiftung des Franckeschen Waisenhauses verbreitete den Ruf Halles; das Pädagogium bot Gelegenheit durch Erziehung der Jugend die Zahl der Anhänger in allen Lebens- und Berufskreisen zu mehren. Kandidaten trugen als Hauslehrer den Samen des erneuerten Christenthums in die Häuser der Vornehmen und Gebildeten; eine große Schar Prediger wirkte mit begeistertem Wort und rastloser Thätigkeit in den Gemeinden. Weithin spürte man den Einfluß Halles, überall neigte man den neuen Anschauungen zu."[2] Löscher aber, der Sohn eines Wittenberger Theologen, eingeschworen auf die Orthoxie der alten Wittenberger Schule, sieht in diesen Bestrebungen eitel Sektiererei. "Was soll man von Männern (den Pietisten) halten, die den Teufel leugnen und behaupten, es gäbe keine Zauberer und Hexen!"[3] Den Pietisten spricht er einfach die Fähigkeit ab, Gottes Wort lehren zu können. "So lange die Dependenz der Orthodoxie von dem frommen Leben gelehret wird, so lange stehet die Thür zu obigem Bösen sämtlich offen. Ein solcher gottloser Theologe habe aber keine wahre Theologie oder theologische Wahrheit, sei folglich auch kein wahrer Theologe und könne nicht als Lehrer geachtet werden, ungeachtet seine Lehren mit der heiligen Schrift und den symbolischen Büchern übereinstimmen."[4] Und doch arbeitet Löscher, der als Theolog die Pietisten in Wort und Schrift aufs äußerste bekämpft, der aber als Mensch in seinen bürgerlichen Gewohnheiten, in seiner Askese als der Typus eines Pietisten hingestellt werden kann, als Pädagog bewußt oder unbewußt mit Franckeschen Ideen. Er kopiert in seiner Instruktion vom Jahre 1710 die Franckesche Schulordnung nicht nur ihrem Geiste

---

[1] Gott gewidmete Proben von der Fähigkeit zum Dienste des Amtes Christi und die Geschicklichkeit zu allem guten Werk zu erlangen, ausgefertigt von V. E. Löschern, D. Dresden 1719.

[2] M. v. Engelhardt, a. a. O. S. 49.

[3] Ebenda S. 111.

[4] Ebenda S. 112.

nach, sondern er nimmt auch einzelne Stellen fast wörtlich aus ihr herüber.[1]

Und ist die Gründung des consortium theologicum nicht als ein Versuch anzusehen, nach dem Muster des Halleschen Pädagogiums Jünger der starren evangelischen Orthodoxie heranzuziehen? Man kämpfte umsonst gegen den Geist der Zeit: die 1718 gegründete Anstalt, die es nicht über zwei ordentliche und sechs außerordentliche Mitglieder hinausbrachte, ging nach wenigen Jahren wieder ein. Aus den zweiunddreißig Hauptirrtümern, die Löscher den Pietisten nachzuweisen versucht, leuchtet überall das Gequälte und Gesuchte hervor.[2] Die Hallesche Pädagogik drang überall siegreich vor; es will uns scheinen, daß Löscher das Vergebliche des Kampfes einsah und damit auch das Interesse an seinen Schöpfungen auf dem Gebiete der Schule verlor. Es unterliegt keinem Zweifel, daß Löscher sich auf vielen Gebieten als wahrer Gelehrter erwies; seine Sammlung der Reformationsakten hat ihm einen ehrenvollen Platz unter den theologischen Geschichtsschreibern erobert; aber auf dem Gebiete der Pädagogik erreicht er nicht im entferntesten einen Francke. Es fehlt ihm das Verständnis dafür, daß die kindliche Seele, Gemüt und Herz anregt, nicht bloß Gedächtnis und Verstand berücksichtigt sein wollen. Und wenn er auch darauf aufmerksam macht, daß es nicht beim bloßen Rezitieren bleiben solle, so sind dies nur Worte; in der Praxis selbst pflegt er den tödlichsten Verbalismus. In der Vorrede zu seinem ABC der Gelehrsamkeit spricht er die Hoffnung aus, daß die Schüler eifriger lernen würden, wenn sie nicht mehr lauter Wörter, sondern etwas reales in der Schule zu fassen bekämen, und doch atmet das ganze Büchlein von seiner ersten bis zur letzten Zeile geradezu die ausge-

---

[1] In seinem „Kurzer und Einfältiger Unterricht, wie die Kinder zu wahren Gottseligkeit und Christlichen Klugheit anzuführen sind" (K. Richter, A. H. Francke. S. 56) sagt Francke 1702: „Hierzu gehört füglich, daß die Kinder... die Worte nicht nur nach der Larve hinsagen" und Löscher sagt in seiner Instruktion 1710: „Sie (die Informatoren) haben auch mit allem Fleiß darauf zu sehen, daß die Kinder zu ihrem Christenthum gehörige Dinge nicht nach der Larve lernen." Über den Zweck des Unterrichts sagt Francke in seiner Schulordnung 1697 (Richter, a. a. O. S. 396), „daß die Kinder vor allen Dingen zu einer lebendigen Erkänntniß Gottes und Christi und zu einem rechtschaffenen Christenthum mögen wohl angeführet werden. Derowegen wird mit ihnen nicht nur fleißig gebetet" usw. Löscher sagt in seiner Instruktion 1710: „Es haben Christliche Informatores die Jugend zuvörderst zum Gebeth anzuführen... vornehmlich die zum wahren und thätigen Christenthum nöthige Wissenschaft denen Kindern einzuprägen." Die Franckesche Explicatio (Erklärung, Auslegung) und Applicatio (Anwendung) S. 221 verlangt Löscher, wenn er in seiner Instruktion sagt, „die Sache sei mit leichten Gleichnüssen und sonst zu erklären, auf sie sonderlich appliciren und die Kinder zuweilen selbst ein und andern Schluß aus dem, was sie gelernet haben, machen zu lassen."

[2] v. Engelhardt, a. a. O. S. 174.

prägteſte Wortlernerei.[1] Ebenſo legen die Predigten Löſchers mit ihrem Wuſt von gelehrten und ungelehrten Notizen Zeugnis ab, daß es ihm nach ſeiner ganzen geiſtigen Entwicklung nicht gegeben war, einen entſchiedenen Einfluß auf den inneren Ausbau der Volksſchule auszuüben. (Beilage H.)

---

[1] Breviarium continens initia eruditionis oder A B C der Gelehrſamkeit zum Nutzen derer Trivial=Schulen aufgeſetzet. Leipzig u. Magdeburg 1711. Das neunte Jahrhundert in der deutſchen Geſchichte z. B. iſt folgendermaßen behandelt: Im 9. Seculo iſt in Deutſchland alles in gute Ordnung gebracht und ſind die meiſten Städte darinnen erbaut worden. Die deutſchen Kaiſer waren: Carolus magnus bringt die Sachſen Bayern und Frieſen unter ſich — Ludovicus I iſt ſehr fromm — Lotharius I von ihm hat Lothringen ſeinen Nahmen — Ludovicus II — Carolus II hat einen kahlen Kopff — Ludovicus III ſtammelt — Carolus III iſt ſehr dick — Arnulphus nimmt Rom ein.

V.

Die Schule des Waisenhauses — die Schule der böhmischen Gemeinde — Garnisonschulen — das Ehrlichsche Gestift — Katholische Schulen.

Ehe wir nun auf die Entwicklung der Dresdner Volksschule nach Löschers Tod bis zum Ende des achtzehnten Jahrhunderts eingehen, müssen wir noch einen Blick werfen auf einige Schulanstalten,[1] deren Gründung zum Teil schon in die Zeit vor Löscher oder unter Löschers Amtstätigkeit selbst noch fällt, die wir aber bisher nicht erwähnten, da sie, Sonderzwecken dienend, gewissermaßen außerhalb des Rahmens der allgemeinen Volksschule stehen.

Da ist vor allen Dingen zu nennen die Schule des Waisenhauses. Das Waisenhaus verdankt seine Entstehung dem industriellen Unternehmen eines gewissen Grätzel, der vom Rate die städtische Wollmanufaktur abgepachtet hatte. Im Jahre 1685 stellte er den Antrag, „etliche Bettelkinder von der Straße wegfangen und in seinem Geschäfte gebrauchen zu dürfen." Dies wurde gestattet, und damit war das Waisenhaus begründet. Man unterschied „Zöglinge" oder eigentliche Waisen und „Züchtlinge", das waren verwahrloste oder sittlich verkommene Kinder, die zur Zwangserziehung eingeliefert wurden. Im Hintergebäude des Waisenhauses befand sich zugleich die städtische Korrektionsanstalt. Die Kinder kamen mit den Häftlingen indessen nur beim Gottesdienst zusammen. Sie hatten täglich eine, von 1732 ab täglich zwei Stunden Unterricht; die übrige Zeit waren sie von morgens 5 Uhr bis abends 7 Uhr mit Fabrikarbeit beschäftigt; nur die Abendstunden von 7 bis 9 Uhr waren zu ihrer Erholung freigelassen. Nach dem Geiste der damaligen Zeit wurden die Andachtsübungen in übertriebener Weise gepflegt; so wurden den Tag über nicht weniger als 101 Lieder gesungen, beziehungsweise Bibelabschnitte vorgelesen und Gebete gesprochen, darunter fünfzehnmal das Vaterunser (Beilage H). 1789 begründete Oberkonsistorialrat D. Rädler in Verbindung mit seiner Armen- und Industrieschule das Neustädter Waisenhaus. Das 1772 zur Zeit der

---

[1] Nach Vorwerk, Geschichte und Verfassung des Dresdner Schulwesens. 1836.

Teuerung in Sachsen gegründete Freimaurerinstitut verfolgte, verbunden mit einer Armenschule, ursprünglich auch die Zwecke eines Waisenhauses.

Weiter ist zu nennen die Schule der böhmischen Gemeinde. Den böhmischen Exulanten war vom Kurfürsten Johann Georg I. der Sand in Neustadt als Wohnsitz, die Johanniskirche in Altstadt als Andachtsstätte zugewiesen worden. In der Nähe der Kirche hatten die Böhmen eine Schule errichtet. Dieselbe wurde 1787 nach der Neustadt verlegt, woselbst aus der Reibschen Stiftung ein Schulhaus erbaut worden war. Über den inneren Betrieb der Schule der böhmischen Gemeinde ist näheres nicht bekannt.

Endlich gehört hierher das 1738 begründete Soldatenkinder-Erziehungsinstitut, das schon 1748 mit siebenhundert Knaben aus ganz Kursachsen besetzt war, die von zwölf protestantischen und vier katholischen Informatoren unterrichtet wurden. Da der Etat für dieses Institut ziemlich rasch stieg, so wurde die Anzahl der aufzunehmenden Knaben auf vierhundert festgesetzt; 1762 wurde das Institut nach Annaburg verlegt. Neben diesem Institut bestand noch eine Garnisonschule, die von dem jedesmaligen Kantor der Garnisonkirche geleitet wurde. Da nach der früheren Militärverfassung jedes Regiment seinen eignen Prediger und Schulmeister hielt, so bestanden noch in den Vorstädten zwei Militärschulen, die 1780 vom Grafen Bellegarde, und die 1781 vom Obersten von Gonde gestiftete. Alle drei Schulen wurden 1817 zur Antonstädter Garnisonschule vereinigt.

Zu Löschers Zeiten noch wurde 1747 das Ehrlichsche Gestift gegründet, eine Armenschule, die stiftungsgemäß unter der Leitung zweier Katecheten stand und die, da sie hinlänglich fundiert war, in den Akten nur selten Erwähnung findet.[1]

Ebensowenig wird das Dresdner Volksschulwesen durch die Gründung katholischer Lehr- und Erziehungsanstalten beeinflußt. Im Jahre 1707 wird das katholische Kapellknabeninstitut errichtet, das den beim Kirchengesange beschäftigten Knaben mit andern Kindern katholischen Glaubens freien Unterricht gewährte. Das 1746 begründete Josephinenstift gab sechzig bis achtzig verwaisten Mädchen Verpflegung und Unterricht; das 1761 angeschlossene Burkersrodaer Fräuleinstift gewährte zwölf abligen Mädchen unentgeltliche Erziehung und nahm auch zahlende Pensionärinnen auf. 1767 wurde die katholische Freischule in der Neustadt, 1773 die katholische Freischule in der Friedrichstadt und 1787 die katholische Hauptschule in der Altstadt errichtet.

---

[1] Schubert, Festschrift zur einhundertfünfzigjährigen Jubelfeier der Ehrlichschen Stiftung. Dresden 1893. Auch diese Festschrift gibt keine Anhaltspunkte über die pädagogische Ausgestaltung des Stiftes im achtzehnten Jahrhundert.

VI.

Die Entwicklung der Dresdner Volksschule nach Löscher bis zum Ende des achtzehnten Jahrhunderts.

(Die Polizeischule — Industrieschulen — die Privatschule — die Realschule — der Einfluß der Landesgesetzgebung — Schulzwang — Geistliche Schulaufsicht).

Wie entwickelt sich die Volksschule nach Löschers Tod bis zum Ende des achtzehnten Jahrhunderts weiter? Die Schlesischen Kriege bringen neue Trübsale über Sachsen; der Siebenjährige Krieg wird für Dresden besonders verhängnisvoll. Bald von Preußen, bald von Österreichern besetzt, litt die Stadt entsetzlich unter der Kriegsfurie; die Belagerung und Beschießung im Jahre 1760 verwandelte einen großen Teil der Stadt in einen Trümmerhaufen. Wer sollte da an den Ausbau der Volksschule denken?

Die Armenschulen und ihre Lehrer leiden ganz besonders unter der Not des Krieges; den Armenschullehrern konnte — wie wir schon an anderer Stelle erwähnten — der Gehalt nicht voll ausgezahlt werden; das Winkelschulwesen entfaltet sich zu neuer Blüte.[1]

---

[1] D. R.-A. B VII a 191 c. In der Spezifikation vom 2. Dezember 1765 werden angezeigt: Frenzel, Bierfiedler, kann nicht mahl die bibl. Historien, so er diktirt, corrigiren, wie man gesehen — Scharff, von schwachem Verstande, wie sein attestate lauten — Jonas, ein in groß Zerbst gewesener Schüler, nachgehends in Dresden Bierfiedler — anjetzo aber Schulhalter, soll den starken Getränken so ergeben sein, daß er die Schule nicht recht abwartet — Ignatius Pree, Conversus, hat eine Kathol. Frau, hält in Pirnaischer Gemeinde Armen und andre Schule. Könnte wohl viel Unkraut unter den Weizen streuen. D. R.-A. B VIII 33. Unter dem 2. Februar 1767 werden angezeigt des Informators Beck Wittbe, die Kinder von den Eltern zu betteln pflegt, um Brod zu gewinnen — der Schüler Hiemann hat ohne ein Schul Testimonium von uns zu haben, unsre Schule (Kreuzschule) verlassen und eine privat Schule auf der Schloßgasse angelegt. Er ist ein Mensch von sehr geringen Fähigkeiten, der außer der Kunst zu schmeicheln, wenig versteht. Am 24. November 1784 werden unter anderen vorgenommen: Ludwig Ehregott Voll, ehedem Diaconus substitutus in Finsterwalde, habe wegen schwächlicher Leibeskonstitution seine Dimission erhalten, eine schola collecta angelegt, sei ohne Concession. — Karl Gottlieb Zinnert, sey ehedem Farbenreiber gewesen, wobei er aber nicht fortkommen könne, da er den rechten Arm gebrochen. Habe vor 8 Jahren eine schola collecta gegründet auf mündliche Erlaubnis des Herrn Super. am Ende.

Das Aktenmaterial aus jener Zeit ist ein äußerst geringfügiges; über den innern Betrieb der Schulen erfahren wir so gut wie nichts; Stundenpläne, Revisionsberichte, die einen Anhalt geben könnten, fehlen gänzlich.

Dazu kommt noch ein Umstand, der nicht angetan ist, die Volksschule — mag sie nun städtische Armenschule oder schola collecta heißen — zu heben und sie dem besseren Bürgerpublikum zu empfehlen. Die Jahre 1771 und 1772 brachten nach dem Kriegselende noch Mißwachs und Teuerung. Im Sächsischen Erzgebirge herrschte bittre Hungersnot; zu Hunderten wanderten die Familien nach dem wohlhabenderen Tieflande aus, um hier durch Betteln ihr Leben zu fristen. Eine polizeiliche Umfrage ergab 1772 in Dresden gegen neuntausend zu unterstützende Hausarme.[1] In Scharen durchzogen die Kinder bettelnd die Stadt; von Schulbesuch war keine Rede. Hier greift nun die Polizei ein, welcher seit dem Jahre 1772 das Armenwesen unterstand. Die Kinder werden den vorhandenen Schulen zugeführt,[2] erhalten zum Teil auch Kost und Bekleidung; damit sie sich aber während ihrer freien Zeit nicht nnütz umhertreiben, werden sie mit Handarbeiten, insbesondere mit Schaf-, Baumwoll- und Flachsspinnen, mit Klöppeln, Nähen, Stricken und Strohflechten beschäftigt. Die Beschaffung von Arbeitsmaterial, die Besoldung der Werkmeister erfordert Geld; die Mittel werden durch freiwillige Beiträge der Bürgerschaft aufgebracht und von der Polizei- und Armendirektion verwaltet.[3] Der Name „Polizeischule" überträgt sich bald auf alle diejenigen Schulen, welche von der Polizei- und Armendirektion unterstützte Kinder aufnehmen, so daß Vorwerk deren achtunddreißig aufzählt. Eigentliche Polizeischulen aber, d. h. solche Armenschulen, die mit einer Industrieschule verbunden waren, gab es nur drei; die Friedrichstädter, die im Jacobshospital in der Wilsdruffer Vorstadt untergebrachte Armenschule und die vom Oberkonsistoralrat 1777 gegründete Armenschule auf dem Sande in der Neustadt. Den Industrieschulen liegt durchaus nicht der Handfertigkeitsgedanke unserer Tage zugrunde, gegenüber der übermäßigen Betonung der geistigen Arbeit ein heilsames Gegengewicht durch körperliche Arbeit zu schaffen; sie tragen vielmehr den Charakter der Kinderbewahranstalt mit starkem Beigeschmack nach Gelderwerb.

---

[1] D.R.-A. B XIII 119y Bl. 5.

[2] Laut Protokoll vom 16. Dezember 1773 waren 233 Kinder zu unterstützen. Die Armenschullehrer Anschütz und Groll übernehmen gegen Vergütung je vierzig Kinder und gewähren ihnen Unterricht und Beköstigung. D.R.-A. B XIII 115h.

[3] D.R.-A. B VIIa 81. Der Polizeiarmenschule zu Neustadt werden laut Rechnung (1. Mai 1800 bis dahin 1901) zugeführt an freiwilligen Beiträgen 1445 Thaler 1 Groschen 6 Pfennige, unter anderm 10 Thaler von der Kasinogesellschaft im Hôtel de Pologne und 12 Thaler von der Gesellschaft im Hôtel de Bavière. Die Polizeischulen sind auf das Interesse und die Mildtätigkeit des Publikums angewiesen, wie heutzutage etwa die Ferienkolonien.

Betrug doch der Höchstverdienst eines Kindes in der Friedrichstädter Industrieschule im Rechnungsjahr 1787/88 in der Baumwollspinnerei 11 Taler 3 Groschen 3 Pfennige, in der Schafwollspinnerei 13 Taler 14 Groschen 5 1/2 Pfennige, in der Flachsspinnerei 8 Taler 10 Groschen und in der Näherei und Strickerei 5 Taler 9 Groschen 9 Pfennige.[1] Solche klingende Erfolge waren der Polizei= und Armenkommission ungemein erwünscht. Sie stellt deshalb den Antrag, sämtliche Armen= schulen in fünf mit Industrieschulen verbundene Polizeischulen zu ver= wandeln.[2] In der Begründung des Antrags wird ausgeführt, „die Armenschulen seien unschicklich und nicht nach gewissen Distrikten ver= teilt, in jeder Schule finde eine besondre Lehr=Art statt, die Lehrlinge seien entweder gar nicht oder nicht durchgehends mit einerlei Arbeit beschäftigt, die Inspektion und gesamte Vorsorge dieser Schulen sei verschiedenen Behörden, wovon jede ohne wechselseitige Communication mit der andern ihre Einrichtung vor sich treffe, anvertraut." Der Inspektor der Armenschulen, Senator Döring, zur Gegenäußerung aufgefordert, erwidert: Die Polizei=Commission scheine die Rathsarmen= schulen nicht genau zu kennen, diese würden nicht von der Stadt, sondern aus Stiftungsmitteln erhalten, es seien nicht 2 oder 3, sondern 8, die Locale seien über die ganze Stadt vertheilt, der Unterricht werde nach einer sämtlichen Schulhaltern ertheilten, wiewohl etwas veralteten In= struction und nach der Schulordnung ertheilt, die Stifter hätten den Nachdruck auf den Unterricht und nicht auf Nebenbeschäftigung gelegt; die Industrie=Anstalten schienen eigentlich nur für Kinder der gemeinsten und rohesten Menschenklasse bestimmt; „für solche Kinder sind unsre Armenschulen nicht bestimmt und ist dabei immer eine dergestaltige Auswahl getroffen worden, daß man vorzüglich arme und nicht ganz verdorbene Kinder in selbige aufgenommen hat." Die Verhandlungen ziehen sich mehrere Jahre hin und verlaufen resultatlos. Nochmals kommt es zu Reformvorschlägen, als der Kurfürst im Jahre 1804 der Stadt Dresden ein Gnadengeschenk von 10 000 Talern zu Schulzwecken bewilligt. Es wird der Vorschlag gemacht, die bestehenden Armenschulen und das Ehrlichsche Gestift zu drei Bürgerschulen zusammenzuziehen, diese mit Freistellen zu versehen und mit je einhundertfünfzig Kindern und zwei Informatoren zu besetzen.[3] In diesen Bürgerschulen sollten die Kinder von ihrem sechsten Lebensjahre an Unterricht im Lesen, Schreiben, Rechnen, christlicher Glaubens= und Sittenlehre, auch über die uns umgebenden Naturgegenstände erhalten; der Unterricht würde für die Kinder in der Regel solange fortdauern, bis sie sich in ihrem vier= zehnten Jahre für ein Gewerbe oder Ergreifung eines bestimmten

---

[1] D. R.=A. B VII a 203 X Vol. I S. 23.
[2] D. R.-A. B VII a 81. Akta, die Armenschulen zu Dreßden betr. 1800.
[3] D. R.=A. B VII a 85. Besondre Akten, die zur Verbesserung der Schulen zu Dreßden und in den Vorstädten getroffenen Veranstaltungen betr. 1804.

Berufszweiges erklärt hätten. Auch diese wohlgemeinten Vorschläge kommen nicht zur Ausführung; die Napoleonischen Kriege stürzen Sachsen in neue Wirren und hindern für lange Jahre jeden weiteren Ausbau des Volksschulwesens.

Die Behörden sind durch widrige Zeitumstände gehindert, der Schule die nötige Sorgfalt angedeihen zu lassen; die Schule greift wiederum zur Selbsthilfe. Aus dem Wirrwarr der Armen-, Stiftungs-, Polizei-, Industrie-, Garnison-, Waisenhaus- und Winkelschulen arbeitet sich allmählich die konzessionierte schola collecta zu angesehenen Privatschule empor. In den Jahren, die zwischen der „Erneuerten Schulordnung" von 1773 und dem Volksschulgesetz von 1835 liegen, dominiert die Privatschule. Die Armenschulen leisteten wenig; aber auch die Lateinschulen waren in Verfall geraten, sowohl in der Unterklasse, wo sie den Volksschulunterricht mit vertraten, als auch in den oberen Klassen, wo lediglich Gymnasialwissenschaften gepflegt wurden. Als 1728 der Senator und Schulinspektor Jürgens den Hauswirten der Poppitzer Gemeinde bei 5 Taler Strafe gebietet, den Informatoren das Logis zu kündigen, da sie der Annenschule Abbruch tun, weigern sich die Hauswirte dessen, da ihre Kinder in der Kantorschule nichts lernten.[1] 1782 klagt der Rektor Olpe von der Kreuzschule, „daß außer Alumnen und Kurrendanern seit 3 Jahren fast niemand auf unsre Schule gekommen.[2] Da standen die besseren Privatschulen allerdings anders da. Sie waren eher in der Lage, sich die Fortschritte auf dem Gebiete der Erziehung und des Unterrichts zu eigen zu machen, die Ideen der Philanthropen, die zu Ende des achtzehnten Jahrhunderts die Welt in Bewegung setzten, zu verwirklichen. Sie wurden nicht gehindert durch den schwerfälligen städtischen Verwaltungsapparat, der dem Vice-Stadtrichter Dr. Beck bei Beratung über die Verwendung des schon erwähnten kurfürstlichen Gnadengeschenkes von 10 000 Taler den Seufzer abpreßt: „Ehe dieser wichtige Gegenstand (ob die Verbindung einer zu begründenden Normalschule mit der Kreuzschule wünschenswert und ausführbar sei) untersucht, debattirt, ins Reine gebracht und approbirt worden, ist die Creutzschule

---

[1] D.R.-A. B VIII 12b S. 147. Der Bäckermeister Beschorr, Hauswirt des Informators Schneegast, erwidert, „daß des Herrn Cantoris Information viele Hinderung wegen der von ihm zu bestellenden Leichen, ingleichen des Gevatter-Brieff-Schreibens vorkäme, daß die Knaben in mancher Woche kaum einige Stunden dieser Information geniesen könnten. — Der Wirt Bierstein erwidert, wenn er den Informator Schmieder ausweisen solle, könne er dann Steuern und Abgaben nicht zahlen, da seine andern Mieter so arm seien, daß sie Miete nicht zahlten. Sein Kind selbst schicke er nicht in die Cantorschule, weil sie allda nichts lernten.

[2] D.R.-A. B VII a 66. Dieser klägliche Verfall entsteht zuverlässig blos aus den Mißbräuchen verschiedener unrechtmäßigen Schulen, die durch allerhand listige Maßregeln den größten und besten Teil der Jugend einer so blühenden und volkreichen Stadt an sich gebracht haben und die rechtmäßigen Schulen bald ganz verwüsten werden, wenn diesem Übel durch den obrigkeitlichen Arm nicht kann gesteuert werden.

längst unter ihren Ruinen begraben."[1] Aus den Klagen der Rektoren und Informatoren lernen wir insbesondere die Schulen der Kandidaten Müller und Lipsius kennen. Im Leipziger Intelligenzblatt vom 14. März 1767 entwickelt Müller, der eine Pensionärschule Ecke Alt=markt und Seestraße errichtet hat, in einem längeren Aufsatze sein Programm. Die Schule nimmt Interne und Externe vom sechsten bis sechzehnten Lebensjahre auf. Der Unterricht wird erteilt von drei Kandidaten des Predigtamts und einem Hofmeister und umfaßt Religion, Historie, Geographie, Mathematik, Naturlehre, Wohlredenheit, deutsche Sprache, Französisch (ein Nationalfranzose erteilt täglich sechs Stunden Unterricht in Konversation und Grammatik), Latein (dasselbe soll zur lebenden Sprache gemacht werden; es sind wöchentlich drei Stunden lateinisches Sprechen angesetzt), Schreiben (die „Clemannische Canzlei=hand" ist eingeführt), Zeichnen, Musik (es werden zuweilen Konzerte im Hause abgehalten) und endlich Übung in dem, was in Ansehung des Tragens und der Bewegung des Leibes und äußerlicher Conduite wohlanständig ist. — Zu den Belohnungen des Fleißes und des Wohl=verhaltens durch Bücherprämien oder durch Wahl zum öffentlichen Redner bei festlichen Gelegenheiten kommen mündliche und schriftliche Zensuren. — Müller wurde von den Rektoren der Lateinschulen und den städtischen Informatoren heftig angefeindet; in einer Verteidigungs=schrift 1767 antwortet er: „Es wurde uns selbst vor drei Jahren der Eleve eines angesehenen Mannes allhier in der Absicht offerirt, mit der ausdrücklichen Bedeutung, daß er durch die Versäumnis und das üble Tractement seines Anvertrauten in einer gewissen öffentlichen Schule dazu bewogen werde."[2] Lipsius wird in einer Eingabe vom 9. Mai 1794 angezeigt, er halte sich sogar Unterlehrer und nicht bloß Elementar=lehrer, sondern auch wissenschaftliche Lehrer für alte Sprachen. Er verlange monatlich 4, 5 und 6 Taler Schulgeld.[3] Wenn solch hohes Schulgeld bezahlt wird, so müssen die Eltern Vertrauen zu dieser Schule gehabt haben. Viele der emporblühenden Privatschulen legen sich den Namen einer „Realschule" bei, d. h. einer Schule, in der außer in den Elementarfächern auch Unterricht im Zeichnen, in Französisch, Latein und in den Realfächern, wozu vor allem auch Gesetzeskunde gehört, erteilt wurde. Der Rat erteilte tüchtigen Männern bereitwilligst die Konzession zur Begründung derartiger Schulen, da ihm dadurch die Schullasten abgenommen wurden.[4]

---

[1] D.R.=A. B VII a 85.

[2] D.R.=A. B VIII 33 Bl. 22.

[3] D.R.=A. B VII a 70.

[4] Solche Realschulen werden gegründet 1780 von G. Pfeilschmidt, 1792 von W. Günther, der sogar den Titel eines fürstlichen schwarzburg=rudolstädtischen Schulrats führte, 1794 von J. F. Fiedler, 1797 von Chr. Pretzsch, 1797 von J. F. Schwabe, 1810 von M. Wieland usw. — Vorwerk, Geschichte und Ver=fassung des Dresdner Schulwesens. 1836.

Das Vorwärtsstreben der Privatschulen beeinflußt auch den Unterrichtsgang der Armenschulen. In der Friedrichstadt waren im Laufe des achtzehnten Jahrhunderts, nachdem die Eingangs erwähnte 1717 gestiftete Armenschule wieder eingegangen war, nach und nach durch milde Stiftungen (Lingkesches, Johnsches und Pelargussches Legat) drei Armenschulen entstanden, die im Jahre 1782 von 339 Kindern besucht wurden, während noch 578 schulpflichtige Kinder ohne jeden Unterricht aufwuchsen. Diesem Übelstande abzuhelfen und Platz für sämtliche Kinder zu schaffen, wurden die drei Armenschulen 1785 zur Friedrichstädter Real- und Armenschule zusammengezogen bezw. erweitert. In der Armenschule, die sich in drei aufeinanderfolgende Klassen gliedert, tritt als neuer Lehrgegenstand „Nebenvolkskenntnisse" auf mit wöchentlich ein bezw. zwei Stunden. Es wird da behandelt: „Sachsen in Verbindung mit Naturgeschichte. Das Wesentliche aus der mathemat. und physikal. Geographie. Vaterlandskunde speciell, Übersicht von Europa. Naturlehre: Das Notwendigste zur Dämpfung des Aberglaubens." In der Realschule, die vierstufig ist und fünf Klassen zählt (in der Oberklasse sind Knaben und Mädchen getrennt) und als niedre Bürgerschule bezeichnet wird, tritt neben den Elementarfächern Geographie, Geschichte, Naturgeschichte, Naturlehre, Zeichnen und Gesang in besonderen Stunden auf. Beide Schulen dienten zugleich dem Friedrichstädter Lehrerseminar, das sich unter Nicolais Leitung allmählich entwickelte und 1787 offiziell anerkannt wurde, als Übungsschule. So haben wir hier ein Beispiel, wie sich eine Dresdner Armenschule zur Realschule entwickelte; sie stand aber nicht unter der Jurisdiktion des Rates, sondern unter der des Justizamtmannes.[1]

Aber auch die unter dem Rate stehenden Armenschulen scheinen sich den Forderungen der Neuzeit nicht gänzlich verschlossen zu haben. In der vom Oberkonsistorialrat Dr. Rädler begründeten Armenschule wird getrieben: Religion, deutsche Sprachlehre, Schreib- und Rechenkunst, Haushaltungskunde und mathem. und freye Handzeichnung für diejenigen Kinder, welche Professionisten zu werden gedenken.[2] In der Sitzung vom 1. April 1801, in welcher über die Verwandlung der Armenschulen in Polizeischulen verhandelt wird, entgegnet das Ratsmitglied auf die Angriffe gegen die Armenschulen unter anderm, daß in ihnen auch unterrichtet werde aus Fausts Gesundheitsbüchlein, Struves Rettungs-Tabellen[3] und Schneiders Auszug der Churfürstl.

---

[1] Ch. T. Otto, Die Schule und das Schullehrer-Seminar zu Friedrichstadt-Dresden von 1785 bis 1835. Zweite vermehrte Auflage. S. 33 bis 49.

[2] D.R.-A. BVIIb 211.

[3] Struve, Sechs Noth- u. Hülfstafeln. 1. Tabellarische Übersicht der Rettungsmittel in plötzl. Lebensgefahren. 2. von tollen Hundsbissen, v. Giften, Verschlucken, Ersticken. 3. von den Mitteln, Kinder gesund zu erhalten. 4. Hebammentafel. 5. Rettungstafel ertrunkner u. s. w. Personen. 6. Noth- u. Hülfstafel zur Verminderung des Pockenelends. Hannover b. Hahn.

Sächs. Mandate und Obrigkeitl. Anordnungen, wovon sich in jeder Schule eine hinlängl. Anzahl von Exemplaren befinden.[1] Gesundheitslehre, Gesetzeskunde, erste Hilfe bei Unglücksfällen, es ist ein unsicheres Umhertasten nach dem, was der Volksschule an Realien zu bieten sei. Diesen Eindruck gewinnen wir auch, wenn wir dem § 16 des Cap. IV der Erneuerten Schulordnung von 1773[2] näher treten. Geographie, Weltgeschichte, Nationalökonomie, Soziologie, Verfassungs- und Gesetzeskunde werden zum Betriebe in der Volksschule vorgeschlagen, für die Volksschule, die sich in ihren Elementen noch nicht zurecht findet. Allenthalben ein Gähren und Wühlen auf dem Gebiete der Erziehung und des Unterrichts, allenthalben das Gefühl, daß man noch nicht auf dem rechten Wege sei, allenthalben das Bestreben, den richtigen Weg zu finden.

Dieses Suchen führt uns zu der Frage, welchen Einfluß die Landesgesetzgebung auf die Entwicklung des Dresdner Volksschulwesens ausgeübt habe. An Verordnungen und gesetzgeberischen Maßnahmen auf dem Gebiete des Volksschulwesens im achtzehnten Jahrhundert ist kein Mangel;[3] die Instruktionen von 1724 und 1773 enthalten außer Verwaltungsmaßregeln sogar beherzigenswerte methodische Winke; nur bleiben die guten Anordnungen und Ratschläge zumeist auf dem Papier. Den Informatoren waren die Schulordnungen wohl meist unbekannt; nur ausnahmsweise hören wir, daß bei einer Einweisung[4] auf sie

---

[1] D.R.-A. B VII a 81.

[2] Erneuerte Schulordnung für die deutschen Stadt- und Dorfschulen der Churjächsischen Lande. 1773. Cap. IV, § 16. Desgleichen ist den größeren Schulkindern das Leichteste, Nöthigste und Nützlichste aus der Erdbeschreibung, auch aus der geist- und weltlichen Geschichte, besonders des Vaterlandes, desgleichen aus der Augspurgischen Confeßion, hiernächst etwas von der Stadt- und Landwirtschaft, von den gewöhnlichsten und nöthigsten Handwerken und Profeßionen, von geist- und weltlichen Ämtern, von den allgemeinen Kirchen- und Landesgesetzen, von dem Gebrauche des Calenders, der Zeitungen, der Intelligenzblätter und andrer, im gemeinen Leben nützlichen Dinge, auf eine erzählende, angenehme Weise, und so weit es, und die Umständen nach, möglich seyn will, bekannt zu machen; jedoch dabey alle Vorsicht anzuwenden, daß nichts gelehret werde, was vermuthlich zeitlebens nichts nützen wird, oder ganz unnöthig ist.

[3] 1713 Verbesserung des Unterrichts alter und junger Leute im Christenthum. — 1724 Instruction, wie die Information in denen Teutschen Schulen der Chur-Sächsischen Lande anzustellen. — 1725 Anstellung und Konfirmation der Kinderlehrer u. Katecheten. — 1766 Haltung der Kinder zur Schule. — 1769 Ernstlichere Anhaltung der Kinder zur Schule — 1772 Anstellung der Kinderlehrer auf dem Lande. — 1773 Erneuerte Schulordnung für die deutschen Stadt- und Dorfschulen der Churjächsischen Lande. — 1786 Schulanstalten für die Bergjugend — 1796 Prüfung und Verpflichtung der Schuldiener. (Nach Seydewitz, Codex des Kirchen- und Schulrechts.)

[4] D.R.-A. B VII e 8 S.122. Über die Einweisung der Frau Schlitzigin durch Pastor Hilscher 1706 berichtet dieser unter anderem: „Habe ihr dasjenige durchzulesen gegeben, was von der deutschen Schule aus der Kirchenordnung vor sie gehört."

aufmerksam gemacht oder daß sie bei der Übergabe des Inventars erwähnt wird.[1]

Von welch geringem Einflusse die Landesgesetzgebung auf das Dresdner Volksschulwesen gewesen ist, das zeigt sich am besten auf dem Gebiete des Schulbesuches und der Schulaufsicht. Der regelmäßige Schulbesuch wird nicht nur in allen Schulordnungen gefordert, das Generale vom 24. Juli 1769 bedroht sogar Eltern, die ihre Kinder nicht zur Schule schicken, mit der Strafe eines alten Schockes und Erhöhung derselben bei „erspürter Widerspenstigkeit". 1805 wird der Schulzwang gesetzlich eingeführt; als aber die Dresdner Schulkommission 1829 eine Zählung der schulpflichtigen Kinder vornehmen läßt, finden sich doch noch 1549 schulpflichtige Kinder ohne jeden Schulunterricht.[2]

Ähnlich steht es in Dresden mit der Schulaufsicht durch die Geistlichkeit. Schon die Schulordnung von 1580 schreibt in dem Kapitel „Von der Inspection der deutschen Schulen" vor, daß sich der Pfarrer allerwegen in acht oder vierzehn Tagen unversehens, doch zu gelegener Zeit, in die Schule verfüge. Das „Revidirte synodalische Decret" vom Jahre 1763 schreibt in § 50 vor, daß der Pfarrer mit Fleiß soviel möglich alle acht oder vierzehn Tage die Inspection der Schule verrichtet, aus dem Rath auch gewisse und tüchtige Inspectores zugeordnet würden. Und die Schulordnung von 1773 verfügt, daß der Pfarrer die Schule seines Ortes wöchentlich wenigstens einmal untersuche und über den Befund ein Protokoll aufnehme; der Superintendent oder sein Stellvertreter sollen die Schule alljährlich einmal besuchen. Wie steht es mit der Befolgung dieser Anordnungen in Dresden? Aus dem schon erwähnten Bericht des M. Heße vom Jahre 1735 „jeder Praeceptor habe die Information nach seinen Einfällen eingerichtet und die meisten hätten Allotria getrieben," geht hervor, daß schon zu Löschers Zeiten die Inspektion eine außerordentlich mangelhafte gewesen sein muß. Später war die Inspektion der Armenschulen dem Waisenhausprediger übertragen, der dafür eine jährliche Remuneration von 10 Talern erhielt; aber auch dieser scheint seinen Verpflichtungen wenig nachgekommen zu sein. Beweis dafür und zugleich außerordentlich charakteristisch ist eine Eingabe der vier Armenschullehrer Beßler, Dürr, Frenzel und Müller vom Jahre 1794 „Unmaßgebliche Vorschläge zur Abstellung vieler Klagen", die in Punkt 4 bitten, daß die Lehrer des Creutz-Ministerii auf hohe Verordnung gehalten sein sollten, die Schulen wenigstens alle 4 Wochen einmal zu besuchen, was der Schule auch mehr

---

[1] D.R.-A. BVIIa 115. 1725 erhält der Informator der Pirnaischen Gemeinde als Inventar ausgehändigt den Unterricht vom wahren Christenthum, Herrn Löschers Fragen, den Auszug aus dem Dresdner Katechismus und die Instruction, wie die Information in den Teutschen Schulen der Chursächsischen Lande anzustellen.

[2] Vorwerk, Geschichte und Verfassung des Dresdner Schulwesens. 1836. S. 87.

Ehre und Achtung vor der Welt einbringen würde.[1] Die Lehrer bitten also um eine Einrichtung, die schon zweihundert Jahre vorher — 1580 — durch ein staatliches Gesetz verlangt und seitdem wiederholt in Erinnerung gebracht worden ist.

Als aus Anlaß des kurfürstlichen Gnadengeschenkes zur Verbesserung des Dresdner Schulwesens eine Kommission über die Verwendung der Summe berät, wird der Vorschlag gemacht, eine Schulkommission ins Leben zu rufen, der ein geistlicher und weltlicher Rat des Oberkonsistoriums beizusetzen sei. Der Vertreter des Rates, Claußnitzer, widerspricht dem mit der Begründung, man könne doch einem Rate des Oberkonsistoriums nicht zumuten, die scholas collectas zu visitieren; „der Vorschlag, den er schon 1794 gemacht, die scholas collectas unter die Aufsicht einiger Geistlichen zu bringen, dürfte allerdings ausführbar sein zumal es aller Orten und selbst in Leipzig das Geschäft der untersten Herrn Geistlichen ist".[2] Diese Aussprache Claußnitzers zeigt zur Genüge, wie übel es um die gesetzlich angeordnete Inspektion der Dresdner Volksschulen bestellt und von welch geringem Einfluß die Landesgesetzgebung war.

Auch sonst scheinen die Anordnungen der Oberbehörden vielfach nicht den nötigen Respekt gefunden zu haben. Auf Seite 13 erwähnten wir bereits, daß sich Unterbehörden erlaubt hatten, Informatoren anzustellen, ohne die Oberbehörde darüber zu befragen. Im Jahre 1699 ist Dedekind zum Schulmeister in Leubnitz gewählt worden; die Gemeinde wünschte den Sohn des verstorbenen Schulmeisters, der wegen seiner Jugend (siebzehn Jahre) nicht bestätigt wurde. Dedekind klagt nun, daß die Bauern in der Kirche ihn haben allein singen lassen,

---

[1] D.R.-A. BVIIa 71. 22 ff. „Damit die an dergleichen Schulen angestellten Informatori nicht ferner, wie seit langen Jahren her geschehen, sich selbst überlassen seyn dürften, sondern vor der Welt mehr Achtung und Ehre hätten, so müßten die Lehrer des Creutz-Ministerii auf hohe Anordnung gehalten seyn, in der bestimmten Anzahl der Schulen sich zu vertheilen und solche wenigstens alle 4 Wochen einmal zu besuchen." Daß unter den „Lehrern des Creutz-Ministerii" die Geistlichen der Kreuzkirche gemeint sind, geht unzweifelhaft aus Punkt 8 derselben Petition hervor, wo gebeten wird, daß die Kirchenlehrer kein Kind zum Abendmahl zulassen möchten, das nicht durch Schulzeugnisse den 8jährigen Schulbesuch nachweise. Also auch hier die Bezeichnung „Lehrer" für Geistliche.

[2] D.R.-A. BVIIa 85. — In Leipzig empfingen seit dem Jahre 1711 die vom Rate bestätigten Schulmeister einen gedruckten Konzessionsschein, den sie auf Verlangen den Gassenmeistern oder den geistlichen Schulinspektoren vorzuzeigen hatten. 1712 wurde weiterhin eine „untere und Spezialaufsicht über diejenigen, denen man außer den öffentlichen Schulen Kinder zu informiren verstattet," eingerichtet und 4 Geistliche der Stadt, einer in jedem Viertel, damit betraut. Die Geistlichen hatten vierteljährlich Bericht zu erstatten; diese Berichte sind fast noch lückenlos vorhanden. Durch diese Einrichtung entwickelte sich das Leipziger Volksschulwesen insbesondere in seiner Ratsfreischule schon zu Ende des achtzehnten Jahrhunderts zu hoher Blüte. (Stephan, Urkundliche Beiträge zur Praxis des Volksschulunterrichts im 18. Jahrhundert. Rossen 1888).

daß sie die Köpfe zusammengesteckt und gelacht haben. Dem Klingel=
beutel geschehe Abbruch. Dem Pfarrer entzögen sie das Lichtgeld
unter dem Vorwand, daß er sich der Vokation des Dedekind nicht
genugsam widersetze; die Kinder schicken sie nicht zur Schule. Rat
und Superintendent zu Dresden fordern bei 100 Taler Strafe Ab=
stellung dieser Handlungsweise. Es entspinnt sich ein langwieriger Pro=
zeß, dessen Ende die Akten nicht berichten.[1] Der Schulmeister zu Losch=
witz, Klingner, bezieht an Gehalt von jedem Hausbesitzer quartaliter
6 Pfennige, von jedem Hausgenossen und solchen, die auf dem Auszug
sitzen, quartaliter 3 Pfennige. Als Uhr und Geläut angeschafft werden,
was Klingner mit zu besorgen hat, werden die Bezüge auf 9 und
6 Pfennige erhöht. Der Rat zu Dresden teilt der Gemeinde den
Beschluß mit, „der erhöhte Betrag sei bei Strafe der Execution ab=
zuführen". Die Gemeinde kümmert sich nicht um den Erlaß; 1713
schreibt Klingner, „daß sie den Rat und das Oberkonsistorium mit
unerhörten, unverschämten Worten gehöhnet und ihm unanständige
Worte ins faciem gesaget."[2] So wird die arme Volksschule von
allen Seiten bedrängt und von der Behörde mit nichtbeachteten Gesetzen
abgespeist.[3]

---

[1] D.R.=A. B VIII 19 b.
[2] D.R.=A. B VIII 18.
[3] Daß die gesetzlich angeordnete Aufsicht durch die Geistlichen ganz außer
Übung gekommen war, geht aus einem Schreiben des Superintendenten
Dr. Tittmann vom 8. Mai 1820 an ein Hochweißes Raths=Collegium hervor,
„daß es mehr als je nothwendig erscheine, die Privatschulen, Erziehungsanstalten
und Armenschulen unter besondre Aufsicht der hiesigen Herren Geistlichen zu stellen,
daß er mit seinen Herrn Collegen vom Kreuz=Ministerium Rücksprache genommen
und daß diese sich bereit dazu erklärt hätten." D.R.=A. B VII a 80 S. 37.

VII.

Rückblick.
Ursachen des geringen Fortschrittes.

Werfen wir zum Schlusse einen Rückblick auf die Entwicklung des Dresdner Volksschulwesens im achtzehnten Jahrhundert. Der Fortschritt vom Jahre 1700 bis zum Jahre 1800 ist ein geringer. Der Lehrstoff ist fast derselbe geblieben. Der Religionsunterricht, der im Lehrplan immer noch den breitesten Raum einnimmt, steht noch unter der Herrschaft des Kreuzkatechismus.[1] Dem Geiste der Aufklärung in den siebziger und achtziger Jahren hat man einige Konzessionen gemacht; in den Schulen wird etwas Realunterricht betrieben; es bleibt aber nur bei tastenden Versuchen; einzelne Fächer verschwinden bald bald wieder aus den Lehrplänen. Die äußere Ausstattung der Schulen ist noch immer dieselbe ärmliche; einige Tafeln und unbequeme Bänke stehen in unzureichenden Räumen; keinerlei Anschauungsmittel sind vorhanden.[2] Das Einkommen der Lehrer hat sich nur wenig gebessert; der Schulgeldsatz ist fast derselbe geblieben. Nur die Ferien sind erheblich verlängert worden.[3] Dem Mangel an Schulen sucht man

---

[1] D.R.-A. B VII a 71. Eingabe gegen die Winkelschullehrer vom 2. November 1793. Infolge dieser Eingabe werden auch die konzessionierten Inhaber einer schola collecta von dem Archidiakonus Döhner über Unterricht und Schulgeld befragt. Hoffmann sagt aus, er unterrichte nach dem Dresdner Catechismo, weil selbiger einmahl üblich sey und die Kinder darüber examiniret würden, wenn sie zum heiligen Abendmahl gehen wollen. Überdies ertheile er ihnen Unterricht im Lesen, Schreiben, Rechnen, auch in der Geographie, Historie und Naturgeschichte und zahlen selbige a persona 2 bis 3 Gr. Thörnitz unterrichtet auch im Briefschreiben und erhält pro Kind 1 Gr., 1 Gr. 6 Pfg. und 2 Gr.; von einigen würden auch noch Privatstunden genommen, wofür 1 Gr. mehr ausfiele.

[2] D.R.-A. B VII a 128. Die Armenschule auf der Borngasse weist 1793 als Inventar auf: 4 Bibeln, davon 1 defekt, 3 neue Testamente, Arndts Wahres Christenthum u. Paradiesgärtlein. 1794 weist die Armenschule am See auf: 1 lange und 1 kurze Tafel, dazu 4 Bänke, 3 niedrige Bänke, eine schwarze Ziffertafel, 4 Bibeln, 3 Testamente, 1 St. Arndts Wahres Christenthum.

[3] Die „Erneuerte Schulordnung" vom Jahre 1773 bringt im Cap. VII: „Von den Schulfeyertagen" als neue Ferienzeit 1 Woche beim Gregoriusumgange und für die größeren Kinder 6 Wochen zur Erntezeit.

dadurch abzuhelfen, daß man die vorhandenen Klassen mit Kindern überfüllt; gegen Eltern, die ihre Kinder von der Schule fernhalten, ist man immer noch machtlos. Nicht eine einzige der unter dem Rat stehenden Schulen wird aus Kommunmitteln erhalten;[1] die Ratsschulen fristen ihr Dasein von den kümmerlichen Erträgnissen milder Stiftungen. Die Privatschule fängt an, sich ihrer Stellung als Volksschule bewußt zu werden, nimmt neue Ideen auf und bereitet den Boden, aus welchem die spätere Bürgerschule hervorwächst.[2]

Welches sind die Ursachen dieses außerordentlich geringen Fortschrittes? Eine Hauptursache des langsamen Fortschreitens erblicken wir in dem Umstande, daß das Wesen der Volksschule in ihrer Bedeutung für die Erziehung des gesamten Volkes nur von wenigen weitschauenden Geistern, von der Allgemeinheit aber durchaus noch nicht er- und begriffen ist. Dem Oberhofprediger Spener wurde es in Dresden stark verübelt, daß er die Katechismusübungen von neuem ins Leben gerufen. Es sei „seinem Amtsrespekt zuwider, mit solcher Kinderarbeit umzugehen"; spöttisch und vorwurfsvoll redete man von einer „Mädchenschule", die ein kursächsischer Oberhofprediger halte und die doch jeder Dorfschulmeister halten könne.[3] Und Spener selbst findet es für angezeigt, in seiner Abschiedspredigt zu betonen, daß er die Katechismusexamina nicht neu eingeführt, sondern nur eine frühere Einrichtung zu neuem Leben erweckt habe. Der Stadtprediger Woog, der 1748 die Leichenrede bei Löschers Begräbnis hält, rühmte den Toten als Theologen, als Gelehrten, des Förderers der Schule wird mit keinem Worte gedacht.[4] Hielt der Redner die Verdienste Löschers um die Volksschule für so gering, daß er sie der Erwähnung nicht wert erachtete oder fürchtete er, den Toten durch Anführung seiner Bemühungen um die Volksschule in der Achtung seiner Zeitgenossen

---

[1] Erst im Jahre 1836 wird die städtische Schulkasse errichtet, aus der die Lehrer ihren Gehalt beziehen. (Zehrfeld, Denkschrift zur 25 jährigen Jubelfeier der Bürgerschule für Neu- und Antonstadt. S. 8.)

[2] Unter dem 17. September 1794 wird ein Conspectus sämtlicher Dresdner Schulen aufgestellt. Es werden aufgezählt: drei Lateinschulen, drei Polizeischulen, das Ehrlichsche Gestift, die Schule im Waisenhause, die Schule im Findelhause, fünf Armenschulen, die Hahnsche Armenschule, die Mädchenschule Frenzels, die Schreibschule des Stuhlschreibers Birkner, die Mädchenschule auf dem Neustädter Rathause, die Mädchenschule des Annenkirchners, die Neidsche Armenschule und die Schule des böhmischen Cantors Adler, drei Militärschulen und einundzwanzig Privatschulen mit Konzession. Die Anzahl der unterrichteten Kinder beträgt unter Ausschluß der Kinder, welche die Militärschulen, die Polizeischule auf dem Sande und die böhmische Exulantenschule besuchen, 1524.

[3] P. Grünberg, Philipp Jakob Spener. Bd. 1, S. 226.

[4] Lob- und Trauerrede bei angestelltem Leichen-Begängniß des wohlseligen Herrn Superintendenten Dr. Valentin Ernst Löschers, im Trauerhause gehalten von M. Moritz Carl Christian Woog, Stadt-Prediger und der Zeit Ephoriae Dresdensis Vicario.

herabzusetzen?¹ Die Inspektion der Dresdner Armenschulen ist einem Geistlichen zweiten Ranges, dem Waisenhausprediger, übertragen. Die 10 Taler Remuneration, die er „noch überdem" für seine Bemühungen erhält, sind ein Wertmesser für die Wichtigkeit, die man diesem Nebenamte beilegte.² Das Ratsmitglied Claußnitzer äußerte 1804 bei der schon mehrfach erwähnten Konferenz über die Verwendung des kurfürstlichen Gnadengeschenkes: „Solchergestalt dürfte der Antrag wegen Niedersetzung einer Schulkommission für die Stadt Dresden in mehrerer Erwägung, daß die scholae collectae von einer solchen Wichtigkeit nicht sind, daß sie dergleichen erforderte, wohl zurückzunehmen sein." Und weiter führt derselbe Claußnitzer aus: „Es ist gemeiniglich ein Unglück für letzteren (den gemeinen Mann), wenn er mehr weiß, als was er wissen muß und er seinem Nächsten gleichen Standes überlegen ist. Sein Creys wird ihm dann zu enge, er will sich einer höheren Sphäre nähern, wohin er nicht reicht, wird darüber mit seinem Schicksal unzufrieden und verdirbt endlich als Raisonneur über vermeyntliche Ungerechtigkeiten, die ihm widerfahren."³ Diese rückständigen Ansichten sind aber nicht etwa eine Dresdner Eigentümlichkeit, sie sind der Ausdruck der Anschauung der großen Allgemeinheit. In den Unschuldigen Nachrichten vom Jahre 1708 wird ein Werk besprochen, dessen unbekannter Verfasser unter anderm äußert: „Die Schulen wären vor ein nothwendiges Übel zu nehmen, das man sich sachte abgewöhnen sollte." „Cain soll der Künste und Schulen Urheber sein."⁴ In derselben Zeitschrift heißt es in Fleischers Einleitung zum geistlichen Rechte (Halle 1724): „Der Fürst hat nichts mit der Sorge für öffentliche Schulen zu thun als nur damit nicht Atheisterey=Dinge, so den weltlichen Staat turbiren möchten, gelehret werden."⁵

Besonders erschwerend für die Dresdner Verhältnisse kommt noch hinzu, daß die Elementarschulen nicht unter einheitlicher Kollatur standen. Die Armen= und sonstigen Stiftungsschulen, sowie die scholae collectae standen unter dem Rate, die Friedrichstädter Schulen unter dem Justizamtmann, die Polizeischulen unter der Polizei= und Armenbehörde, „wovon jede (Behörde) ohne wechselseitige Communication mit der

---

[1] Das „große Universallexikon aller Wissenschaften und Künste, 1738," bringt auf neun enggedruckten doppelseitigen Folioseiten eine ganz ausführliche Biographie Löschers; seiner Verdienste um das Dresdner Schulwesen ist mit den Worten gedacht: „Daß in und vor der Stadt Dreßden Armen=Schulen aufgerichtet worden, solches hat man ebenfalls seinen Veranstaltungen beim Stadt=Rath zu danken." Seiner Lehrbücher für die Volksschule ist mit keinem Worte Erwähnung getan.

[2] D.R.=A. B VII a 85. Besondre Acta, die zur Verbesserung der Schulen zu Dresden und in den Vorstädten getroffenen Veranstaltungen betr. 1804.

[3] Ebenda.

[4] Unschuldige Nachrichten 1708 S. 315.

[5] Ebenda 1724 S. 276.

andern ihre Einrichtung vor sich treffe".[1] So zu lesen in dem Sitzungsberichte, der über die Verschmelzung sämtlicher städtischer Elementarschulen zu Polizeischulen handelt. Bei aller Klarheit, die über diesen unhaltbaren Zustand herrschte, schleppte sich diese Einrichtung doch bis in die dreißiger Jahre des neunzehnten Jahrhunderts fort.

Man hat ferner den Mangel an geeigneten Lehrkräften als eine der Ursachen hingestellt, daß es mit der Volksschule nicht vorwärts gehen wollte. Als Beweis für diese Behauptung hat man die mehr oder weniger grotesken Auswüchse des Winkelschulwesens ins Feld geführt. Wir haben schon erwähnt, daß uns das Winkelschulwesen zum größten Teil nur von seiner Kehrseite aktenkundig geworden ist, daß es auch tüchtige Kräfte in den Winkelschulen gegeben hat. Gegen Ende des achtzehnten Jahrhunderts werden Lehrerbildungsanstalten gegründet; man müßte meinen, daß nun eine lebhafte Nachfrage nach diesen methodisch geschulten Kräften stattgefunden habe. Ganz das Gegenteil ist der Fall. Die in Dresden=Friedrichstadt gebildeten Lehramtskandidaten blieben oft noch jahrelang im Seminar, weil sie entweder keine Stellen erhielten oder weil sie gering dotierte Stellen nicht annahmen, da ihnen das Leben in der Großstadt bei freier Wohnung und Kost und reichlichem Taschengeld durch Privatunterricht weit besser behagte.[2] Als man bei der geplanten Umwandlung der Annenschule in eine höhere Bürgerschule die Begründung eines Seminars in Erwägung zog, warnte der Stadtrat Erher ernstlich vor diesem Beginnen; „abgesehen vom Kostenaufwande, weiß man, wenn sich die Seminaranstalten vermehren sollten, am Ende gar nicht, was man mit diesen Leuten anfangen soll, welches schon in Neustadt[3] der lästige Fall sein dürfte, wenn nicht binnen einigen Jahren wenigstens die Hälfte derselben, wovon der Älteste sich schon den Dreißigern nähert, versorgt wird".[4]

Und damit kommen wir zur letzten und eigentlichen Ursache, weshalb es mit dem Volksschulwesen in Dresden nicht vorwärts gehen wollte. Es ist der chronische Mangel an Mitteln, der Mangel an

---

[1] D.R.=A. B VII a 81. Akta, die Armenschulen zu Dreßden betr. 1800.

[2] Gustav Nieritz, Selbstbiographie S. 100.

[3] Die Neustädter Lateinschule war 1803 in eine höhre Bürgerschule umgewandelt worden. Da diese Schule bisher den Singechor für die Dreikönigskirche gestellt hatte, so würde es nun, da die Schüler höchstens bis zum sechzehnten Lebensjahre die höhre Bürgerschule besuchten, an den nötigen tiefen Stimmen gefehlt haben. Man behielt deshalb bis zu zehn Chorschüler zurück, die nicht nur Unterricht in der Musik und theoretische wie praktische Anweisung in der Unterrichtslehre erhielten, sondern auch zum Unterrichtsteilen in der dritten Schulklasse herangezogen wurden. Diese Schüler bildeten in der Tat ein kleines Lehrerseminar; bei ihrem Abgang fanden sie, weil besonders musikalisch gebildet, leicht Anstellung in Kirchschulstellen auf dem Lande. (A. Hantzsch, Geschichte der Neustädter Realschule in Dresden. 1875).

[4] D.R.=A. B VII a 71.

Geld, der jede durchgreifende Reform hindert. Man konnte keine Lehrer anstellen, man konnte keine neuen Schulen gründen, weil die Mittel dazu fehlten. Der Notschrei des Rates zu Beginn des Jahrhunderts: „Bau und Dotation würden ein stark Capital fordern, darzu wir zur Zeit nicht rath wüßten" (S. 8), er erklingt auch noch zu Ende des achtzehnten Jahrhunderts.[1] Man ist sich völlig klar, wo die Schäden des Volksschulwesens zu suchen sind; die Eingaben und Gutachten eines Oberkonsistorialrates Rädler, Superintendenten Tittmann, Archidiakonus Jaspis, Seminardirektor Otto fordern insgesamt einheitlichen Lehrplan, einheitliche Aufsicht, bessere Verteilung der Schulen auf die einzelnen Stadtviertel und dabei Vermehrung der Schulen, Erhöhung der Besoldung der Informatoren, aber woher die Mittel nehmen? Die Schuldenlast, die die Schlesischen Kriege der Stadt aufgebürdet hatten, drückte noch schwer,[2] und schon zogen am politischen Himmel neue Gewitterwolken auf; die Napoleonischen Kriege ließen auch die bringlichsten und als vollberechtigt anerkannten Forderungen nicht zur Ausführung gelangen. Der Ausspruch des menschenfreundlichen Oberkonsistorialrates D. Rädler in seiner Eingabe an den Rat vom 24. Oktober 1793: „Je mehr der Staat Schulen baut und zweckmäßig einrichtet, desto weniger braucht er Zucht- und Spinnhäuser" ging seinem vollen Verständnis und seiner Verwirklichung erst im neunzehnten Jahrhundert entgegen.[3]

---

[1] In einem Schriftstück aus dem Jahre 1804, „Besondre Acta, die zur Verbeßerung der Schulen zu Dreßden und in den Vorstädten getroffnen Veranstaltungen" (D.R.=A BVIIa 85 S.16), rühmt das Ratsmitglied Wels die von dem Stadtrichter Clausnitzer gemachten Vorschläge: „Die gefährliche Klippe, an welcher schon so viel gute Entwürfe scheitern mußten, der Mangel an hinlänglichen Fonds, ist bey denen, auf die Verbeßerung der Volks-Schulen abzweckenden Vorschlägen sorgfältig vermieden und die Realisirung derselben hauptsächlich auf die bereits vorhandnen Fonds beschränkt worden." Die vorhandenen Fonds waren aber leider so unzulänglich, daß an eine Verbesserung nicht zu denken war.

[2] Noch im Jahre 1804 wurden von „des Raths zu Dresden Preußischer Kontributions-Rest-Einnahme" mehr als 8000 Taler Reste auf die Kontributionsanlagen von 1753, 1757 und 1758 fortgeführt und in Erinnerung gebracht. (O. Richter, Verwaltungsgeschichte der Stadt Dresden. II, 59.)

[3] D.R.=A. BVIIb 211.

Beilagen.

A.

Löschers „Instruction vor die Praeceptores der Armen-Schulen 1710."[1]

Nachdem N. N., Informator, aus ...., die Jugend allhier, so von denen Eltern ihm zugeschicket wird, zu unterweisen und zu Guten anzuführen sich entschlossen und er darzu tüchtig befunden worden; Alß wird solches zu thun ihm zur Zeit verstattet, darbey er aber doch folgendes zu beobachten angewiesen:

1. Daß er der diesfalls über ihn und andre dergleichen Lehrer angeordneten Inspection gehörigen Respect erweise, und derselben von seinen Thun und Lassen auf Befragen bescheidentlich Red und Antwort gebe, auch deren Verordnung und Weisung sich gemäß bezeuge.

2. Wie er denen Kindern die Pietät beyzubringen habe, dazu wird ihm folgender Unterricht genugsame Anleitung geben:

a) Es haben Christliche Informatores die Jugend zuvörderst zum Gebeth anzuführen, hiernächst die gesetzlichen Informations-Stunden als für Gottes Augen fleißig und treulich auch völlig abzuwarten, vornehmlich die zum wahren und thätigen Christenthum nöthige Wissenschaft denen Kindern einzuprägen.

b) Zum Behuf dessen sollen sie anfänglich denen Kindern den kleinen Catechismum Lutheri beybringen, hernach den Auszug des Dreßdnischen nebst denen angefügten Sprüchen, und sie sodann ferner zu diesen großen Catechismus anweisen.

c) Weil nun zur heylsamen Einflößung der wahren Christen-Wissenschafft die Gnade und der Seegen Gottes bei Lehrenden und Lernenden vornehmlich erfordert wird: Alß werden sie mit täglichen andächtigen Gebeth solche Göttliche Gabe von den Allerhöchsten suchen, auch ihre Schüler angewehnen, daß sie nicht nur mit dem Munde darum bitten, sondern auch im Hertzen darnach verlangen und seufftzen.

---

[1] D. R.-A. BVIII 12b Bl. 74.

d) Sie haben auch mit allen Fleiß darauf zu sehen, daß die Kinder die zu ihren Christenthum gehörige Dinge nicht nach der Larve und ohne Nachdenken lernen; sondern sie jedesmahl zur innerlichen Aufmerksamkeit anzugewehnen und zu ermuntern, welches geschehen kan, wenn sie ihnen oft vorstellen, wie wichtig die Sache sey, dieselbe mit leichten Gleichnüssen und sonst erklären, auf sie absonderlich appliciren und die Kinder zuweilen selbst ein und andern Schluß aus dem, was sie gelernet haben, machen lassen.

e) Nach dem Erkäntnüß Gottes sollen sie auch die Erkäntnüß sein selbst, und der im Argen liegenden Welt, nicht minder die Biblische Historie denen Kindern nothbürfftig beybringen und kan ihnen in diesen Punkten künfftig mit einer besonderen Anweisung geholffen werden.

f) Nebst dem Verstande sollen sie sich auch des verderbten Willens der armen Kindern treulich annehmen, damit sie sowohl insgemein ihr geistliches Elend und Verderben, als auch jedes seine besondern Fehler zu erkennen und zu verabscheuen anfangen, insonderheit aber sollen die Kinder vom Ehrgeitz, Geld=Geitz, Zorn, Wolluft, Eigensinn und Neid abgewehnet, und zur Liebe Gottes und des Nechsten, zur Demuth, Mäßigkeit, Gedult und Vergnügsamkeit angehalten, auch aller Fleiß gethan werden, daß kein Kind durch angewehnte Eydschwüre, Flüche oder andere böse Gewohnheiten die übrigen ärgre.

g) Wie denn auch die Informatores so viel möglich auf der Kinder Wandel zu sehen, und zum Behuff dessen iezuweilen in ihrer Eltern Häuser zu gehen und der Haußzucht wegen glimpffliche Erinnerung zu thun haben, wo sie nun diesfalls einen wichtigen Mangel bemerken, und ihr Errinnern nicht verfangen will, so haben sie es dem Prediger, an welchen sie gewiesen sind, in Zeiten zu eröffnen.

h) Bey der Bestraffung der Kinder haben sie darauf zu sehen, daß solche wahrhafftig geschehe, in der Furcht und Vermahnung zum Herrn, also, daß sie zuförderst die Kinder durch recitirung und application des Geboths oder eines Biblischen Spruchs, wider welchen sie gesündiget haben, sich selbst bestraffen lassen, auch ihnen sonst den Zorn Gottes, die Abscheuligkeit und Schädligkeit der Sünde, nebst andern zur Besserung bewegenden Ursachen fleissig einschärfen.

i) Die heranwachsenden Knaben und Mägblein seind anzuhalten, daß sie selber die Biebel vor sich lesen, darbey andächtig seyn, das nöthigste daraus merken, oder auszeichnen, und aus dem gelesenen einen Seuffzer zu Gott machen lernen.

k) Endlich haben sie auch insonderheit darauf zu sehen, daß die Kinder mit Verstand, Aufmercksamkeit und Andacht beten lernen; Welches geschehen kan, wenn sie dieselben offt aus denen auswendig gelernte Gebothen examiniren, nicht immer einerley Ordnung im Beten halten, die Kinder beym Gebeth durch Vorstellung der Gegenwart Gottes, der Wichtigkeit und des Seegens eines anbächtigen Gebeths ermuntern, auch sich selbst darbey anbächtig bezeugen.

3. So offt er seine Wohnung zu verändern willens, hat er solches bey dem vom Rath geordneten Inspectore wenigstens Vierzehn Tage zuvor anzuzeigen, damit derselbe, wo er künfftig anzutreffen aufzeichnen könne.

4. Wird er sich so verhalten, damit man diese Concession aufzuheben nicht Ursach finden möge.

Uhrkundlich ist gemeiner Stadt Insiegel angedrückt. So geschehen zu Dreßden, den .....[1]

B.

I. Die Schulprobe zu Leubnitz 1724.[2]

Am 30. Juli 1724 Acto wurde allhier zu Leubnitz die vom Collegio veranlaßte Schulprobe folgender maßen vorgenommen.

1. Wird denen angebenen 4 Kandidaten Christian John, Johann Benjamin Stephani, David Jungnickel, Joh. Samuel Grahl die Predigt öffentlich abzulesen aufgegeben. Christian John als der erste fängt das Lesen mit einem Kurtzen gebethe an und läßet sich gar vernehmlich und wohl hören. Johann Benjamin Stephani lieset zwar auch gar deutlich hat aber eine etwas schwache Außsprache und scheinet die Kirche nicht vollkommen zu füllen. David Jungnickel und Joh. Samuel Grahl lesen gar vernehmlich und deutlich.

2. In der Mittags-Vesper wurde von Ihrer Magnificenz dem H. Superint. denen Candidatis vorgeschrieben folgende Lieder abzusingen u. zwar 1. durch Adams Fall 2. O Herre Gott, dein 3. Es spricht der Unweisen 4. Komt her zu mir spricht. Jeder Candidate praeambuliret auf der Orgel zu seinem Chorale, singet sodann

---

[1] Es sei hier nebenbei bemerkt, daß sich diese Instruktion vom Jahre 1710, wie schon Pohle in seiner Schrift „Der Seminargedanke in Kursachsen" erwähnt, fast wörtlich in der weit ausführlicheren Sächsischen Schulordnung vom Jahre 1724 wiederfindet. Daß Löscher als eines der beiden geistlichen Mitglieder des Oberkonsistoriums an der Abfassung der Schulordnung vom Jahre 1724 regen Anteil genommen, ist unzweifelhaft.

[2] D. R.-A. B VIII 25.

die beiden ersten Verse ohne Orgel nach diesen aber fällt die Gemeinde ein und wird die Orgel von Candidaten zum aufgegebnen Liede gespielet; derer dazu geordneten beyden Organisten H. Petzolds und H. Benischens Relation nach haben Sich Jungnickel u. Grahl in spielen der Orgel am besten exhibiret und das Pedal zugleich mit gebraucht, in singen aber hat mann keinen sonderlichen unterschiebt gespühret sondern sich alle gar wohl hören laßen.

3 Nach vollbrachten Gottesdienste wird auf der Pfarr=Wohnung denen Candidaten die Schul=Knaben zu examiniren aufgegeben und von Jhro Hochwürden dem H. Superint. jede eine besondre Doctrin vorgeschrieben. John hält beyn Anfange des Examinis eine Kurtze allocution an die Schul Knaben cum gratiarum actione ad patronos wegen permittirten Examinis und vollführet übrigens das examen docendo et examinando cum applausu. Stephan, Jungnickel und Grahl thun auch das ihrige nach vermögen, Kommen aber John bey weitem nicht bey.

4. Wird auch jeden endlich ein Exempel im Rechnen aufgegeben, womit abermals John am ersten fertig wird, So nachrichtlich anhero zu registriren gewesen. Act. in Praes. Jhro Hochwürden des H. Superintendentens, H. Bürgermeister Stefgens, Herrn Bürgermstr. Voglers, H. Syndici Verschens u. H. Cämrer Verschens.

George Andr. Hermann, Vice=Stadt=Schreiber.

Den 12. Aug. 1724 wurde im Collegio wegen Ersetzung dieses Schulmeister=Dienstes zu Leubnitz deliberiret und dazu David Jungnickel per majora erwählet, So Nachrichtl. anhero zu registriren gewesen. Act. ut supra G. H. Hermann, Vice=Stadt=Schreiber.

II. Die Schulprobe zu Leubnitz 1786.[1]

Registratura Dorf Leubnitz den 26. Nov. 1786.

Da der heutige XXIV. Sonntag nach Trinitatis zu Ablegung der Schulmeister Probe bey der Schule zu Leubnitz festgesetzet, solcher Tag der gesamten Kirchfarth nicht nur abgewichenen Sonntag a Concione verkündigt, sondern auch den eingepfarrten Gerichts Herrschaften zu An= hörung dieser Probe oder Abordnung einiger Deputation aus ihren Gemeinden schriftlich ersuchet und eingeladen worden; So haben sich acto früh $^1/_2$ 8 Uhr

Jhre des Herrn Superintendentens Dr. Johann Friedrich Reh= kopfs Hoch Würden und von Seiten eines Hoch Edlen Raths zu Dreßden als Patron dieser Kirche und Schule der regirende Bürgermeister Herr Johann Wilhelm Art, der Bürgermeister Herr Joh. Aug. Otto, der

---

[1] D.R.=A. B VIII 28 S. 115f.

Herr Syndicus Dr. Christ. Lebrecht Seyfert, der H. Senator Christ. Benj. Thenius, der H. Senator Christ. Friedrich Kretzschmar, der H. Senat. Joh. Aug. Beck und Endesbenannter auf die allhiesige Pastorats Wohnung, woselbst sich der Herr Pastor Loci, M. Gotthelf Konrad Goldschad, nicht minder die Drey zur Ablegung der Schul=Probe denominirten Candidaten, der Schulmeister in Maxen H. Karl Benedict Grimmer, der Schulhalter zu Neudorf bei Dreßden H. Christ. Klotzsche und der Kinderlehrer in Sobrigau H. Joh. Christ. Traugott Heger finden laßeu. Nachdem Jhro des H. Superintendentens Dr. Rehkopfs Hoch Würden denen Canbibaten die Ordnung, wonach die Probe in der Kirche von ihnen abgelegt werden solle, nochmals bekannt gemacht und von ihm das Einleuten in die Kirche angeordnet worden; So verfügten sich Jhro des H. Superintendentens Dr. Reh= kopfs Hoch Würden in die neben der Sacristey im par Terre befindl. Bet Stube, die Herren Consules und Senatores aber auf dero Empor-Stube, da denn der Gottes Dienst in der Kirche, nach der vorgeschriebenen Ordnung sub A und die Music nach denen Texten sub B, C und D von benen Candidaten, zu beren Aufführung jeder seine Music-Verständigen und Chor Sänger mitgebracht, verrichtet worden. Nach der völlig in der Kirche erfolgten und beendigten Catechisation be= traten Jhro des H. Superintendentens Dr. Rehkopfs Hoch Würden das Altar und hielten an die überaus große Menge der Zuhörer eine kurze doch bündige Rede von der wichtigsten Pflicht der Eltern, ihre Kinder schon von der zartesten Jugend an in Schulen erziehen zu laßen, rühmte E. Hoch Edlen Rathes zu Dreßden treue Vorsorge, daß er hiesiger Schule an des pro emerito erklährten Schulmeisters Liebers Stelle, einen neuen Schullehrer, aus denen Dreyen, so dermahlen die Probe abgelegt hätten, setzen wolle und wieß die sämmtlichen ein= gepfarrten Gemeinden an, daß sie sogleich nach geendigtem Gottesdienst durch ihre Deputirten auf der Pfarr Wohnung erscheinen und auf die von Jhm an sie ergangne Frage, Ob sie an derer 3 Candidaten Lehre, Leben und Wandel etwas erhebliches einzuwenden hätten, ihre Antwortt von sich geben sollten. Es wurde hierauf annoch der Vers „Unsern Ausgang segne Gott" gesungen. Nach beßen Erfolg verfügten sich aus der Kirche Jhro des Herrn Sup. Dr. Rehkopfs Hoch W. nebst benen Herren Consulibus und Senatoribus auf die Pfarr Wohnung und nachdem die 3 Candidaten H. Grimmer, H. Klotzsche und H. Heger, nicht weniger von Seiten der eingepfarrten Gerichts Herrschaften der Herr General Accis Commissarius Daniel Friedr. Peters als Ab= geordneter von Jhro des Kayserl. Königl. Cammerherrns Grafens von Bünau auf Röthnitz und Rosentitz und als Dero Gerichts Director sowohl Ebenderselbe, als des Churfürstl. Sächs. Appellations-Gerichts Secretarii H. K. Gust. Strauchs auf Kaitz Gerichts=Director, weiter der Churfürstl. Sächs. Cammer=Commissarius H. Joh. Gottlieb Körbitz als Gerichts=Director wegen des zu der Comtesse von Fleming

Rittergute Borthen gehörigen, nach Leubnitz aber eingepfarrten Dorfs Sobrigen und Kauscha und des Churfürstl. Sächs. Amts zu Dreßden Actuarius H. Joh. Christ. Schulze als abgeordneter derer bey dem Hohen Justiz=Amte wegen derer Neu=Ostraer eingepfarrten Amts=Unterthanen, Hiernächst aber der Churfürstl. Sächs. Rittmeister und Ober Kriegs Commissarius H. Georg Friedrich Zirkel als Besitzer eines Guths in Leubnitz, dann die Vier Kirch=Väter an der Leubnitzer Kirche Andreas Palitzsch, Joh. Georg Graf, Joh. Christoph Friebel und Joh. Gottlob Windler und folgende Gemeinde=Deputirte: Joh. Georg Grahl, Richter von Golberoda, Joh. Gottlob Beil von Gostritz, Joh. Christoph Schäfer von Prohlis, Joh. Georg Schindler von Reick, Joh. Gottfr. Meißner von Torna, Peter Zeibig aus Kauscha, Adam Gottlob Kirsten aus Gaustritz, Georg Zschüttig aus Rosentitz, Christian Ehrlich aus Nöthnitz, Joh. Andreas Kirst, eben daher, Joh. Gottlieb Dietze und Gottlob Händler beyde aus Leubnitz, Christian Dietrich aus Kaitz und Joh. Gottlob Wolf aus Kauscha sich gleichfalls auf der Pfarr=Wohnung eingefunden, So wurde benen obengenannten Drey Candidaten ein kurzes Pensum von dem Herrn Superintendenten dictiret, welches sie dictando nachschreiben mußten, von dem H. Senatore Kretzschmar hingegen einige Rechen=Exempel in der Rechenkunst aufgegeben. Wie nun besagte 3 Herren Candidaten in aller obererwehnten Anwesenden Gegenwartt auch diese Specimina abgeleget, So wurden auch sämmt= liche Herren Abgeordneten und Deputirten nochmals befraget Ob sie von dieser 3 ihnen vorgestellter Herren Lehre, Leben und Wandel etwas erhebliches einzuwenden hätten? Da sie sich benn erklähret, daß sie an derer Lehre, Leben und Wandel nichts auszusetzen hätten, Womit diese Expedition gegen 2 Uhr beschlossen, dieses alles aber anhero bemerkt worden. Traugott Friedrich Langbein, Stadtschreiber.

Zur Wahl wird am 5. Dez. 1786 verschritten.

Als acto zur Wahl des in Leubnitz anderweit anzustellenden Schul=meisters verschritten und zu dem Ende Collegium Senatus convociret, auch von den regirenden Herrn Bürgermeister Joh. Wilh. Axten die Eigenschaften eines jeden der 3 Subjecten, Grimmers, Klotzschens und Hegers und wie sich selbige bei der am XXIV. n. Trinitatis an=gestellten Probe verhalten, eröffnet worden, So haben H. Bürgermeister Joh. Aug. Otto dem Catecheten Heger zu sothanen Schuldienst zu Leubnitz ihr Votum ertheilet mit welchem Voto Herr Senat. Thenius, H. Sen. Raabe, H. Cämmerer Dr. Ermel, H. Stadtrichter Dr. Heyne, H. Stadtrichter Schnabel zu Neustadt, H. Sen. Dr. Martini, H. Sen. Dr. Eisel, H. Sen. Claußnitzer, H. Stadtrichter Erher zu Neustadt, H. Sen. Kretzschmar und H. Sen. Beck durchgängig sich conformiret, hingegen der H. Vice=Stadtmeister Otto ihr Votum suspendiret haben. Und da D^{nus} Consul regens auf Hegern ebenfalls concludiret, so ist derselbe per unanimia als Schulmeister zu Leubnitz erwählet und durch den Herrn Stadtschreiber Sen. Langbein des H. Superintendentens Dr. Rehkopfs Hoch W. Nachricht zu erteilen, resolviret worden.

Notatum a Christ. Leberecht Seyfert, Synd.

Am 12. Dezember 1786 wird vor Superintendent und Rat der sogenannte „Vergleich" zwischen Liebers, dem Emeritus, und Heger, seinem Nachfolger, geschlossen. Liebers verläßt das Schulhaus und Heger zahlt ihm ein jährliches Provisions-Quantum von 150 Talern.

An demselben Tage wird Hegern die Vokationsurkunde an Ratsstelle eingehändigt.

A. Anordnung des Gottesdienstes bei der Schulprobe in Leubnitz

am 24. Sonntage nach Trinitatis 1786.

1. Morgenlied: O heilige Dreifaltigkeit intonirt Grimmer.
2. Kyrie intonirt Klotzschen.
3. Gesungen: Allein Gott in der Höh sey Ehr von Klotzschen.
    Der 1. V. allein, ohne Orgel und Beystimmung der Gemeinde und schlägt sodann Heger die Orgel dazu.
4. Collecte singt Herr Pastor und respondirt Grimmer.
5. Epistel verlieset Herr Pastor.
6. Gesungen: Es wolle Gott uns gnädig seyn v. Grimmern.
    Der 1. V. allein, ohne Orgel und Gemeine, und schlägt sodann Klotzsche die Orgel.
7. Music aufgeführt von Hegern.
8. Verlesen vor dem Pulte statt des Evangelii das 9. Cap. Matthäi ganz von Grimmern.
9. Music aufgeführt von Klotzschen.
10. Gesungen: Wir glauben all an einen Gott von Hegern.
    Der 1. V. allein, ohne Orgel und Gemeine, und schlägt sodann Grimmer die Orgel.
11. Verlesen vor dem Pulte die erste Hälfte einer Predigt von Klotzschen, die andre Hälfte nebst den gewöhnlichen Kirchen-Gebeten, Fürbitten von Hegern.
12. Music aufgeführt von Grimmern.
13. Collecte und Segen spricht Herr Pastor und respondirt Klotzsche.
14. Lied: Gott sey uns gnädig und barmherzig intonirt Heger.
14. Catechisirt: Grimmer über die 32. u. 33. Frage des Dresdner Catechismi.[1]
    Klotzsche = = 313., 314. u. 315. Frage.[2]
    Heger = = 429., 430. = 431. = [3]
16. Vorstellungsrede vor dem Altare.

D. Johann Friedrich Rehkopf, S.

---

[1] Was heißt Gott in allen Nöthen anrufen? Was heißt beten?

[2] Warum sollen wir beten? Wen sollen wir in unserm Gebete anrufen? Wie muß unser Gebet, so es Gott gefallen soll, beschaffen sein?

[3] Wird denn unser Gebet allezeit erhört? Warum läßt uns Gott oftmals sehr lange auf seine Hülfe warten? Was sollen wir unterdessen thun, wenn uns Gott nicht alsbald erhört?

Bei der musikalischen Prüfung (B, C, D) führten aus:
1. Heger   a) Choro: Lobet den Herrn b) Recitativ: Auch du, o meine Seele
            c) Arie: Im lauten harmonischen frohen Getümmel.
2. Klotzsche a) Chor: Pf. 118, 27 b) Aria: Dir sey Ehr und Dank gegeben
            c) Chor: Pf. 118, 28.
3. Grimmer a) Tutti: Jauchzet dem Herrn b) Recitativ: Erkennet, daß der
            Herr Gott ist c) Aria: Gehet zu seinen Thoren ein mit Danken.
            d) Choral: Lob, Ehr und Preiß sey Gott.

Das Diktat war folgendes:

Wenn Kinder, nach der Vorschrift des Apostels Paulus, in der Zucht und Vermahnung zum Herrn auferzogen werden sollen, so ist nöthig, daß dieselben frühzeitig, nicht nur in der rechten Erkänntniß Gottes und unsres Heylandes, unterwiesen, sondern auch zu allen christlichen Tugenden, nach der Lehre Jesu, angewiesen werden; denn die Furcht des Herrn ist der Weisheit Anfang: das ist eine feine Klugheit, wer darnach thut, des Lob bleibet ewiglich.

Timor Domini est initium sapientiae.

Die Rechenaufgabe war folgende:
a) Numeriren: 6785201 und 6913582.
b) 2 Thaler 8 Gr. 7 Pf. + 6 Thaler 2 Gr. 11 Pf. + 11 Thaler 5 Gr. 9 Pf. (und so fort — neun Posten).
c) Wie alt wird jemand, der 1521 gebohren und 1786 gestorben ist.[1]
d) 6785201 (Multiplikation).   e) 8523797 | 9 (Division).
   9
f) $\frac{1}{2} + \frac{1}{4} + \frac{1}{6}$.

C.
Bewerbungsschreiben Dresdner Armenschullehrer.

I.[2]

Wohlgebohren, Hoch Edle, Veste, Hoch- und Wohlgelahrte, Hoch- und Wohlweyse, Hoch- und Wohl-führneme, Jnsonders Großgünstige und Hochgebidente Herren, Herren u. s. w.

Ein Hoch Edler, Hoch- und Wolweyser Rath wolle nicht in Übel vermerken, sondern allergnädigst geruhen, daß ich mich unterstehe mit diesen wenig Zeilen auffzuwarten, Maßen mich die größte Noth darzu

---

[1] Von Herrn Senator Kretzschmar in der Eile wohl ohne die nötige Überlegung gegeben.
[2] D. R.-A. VIII 13b Vol. II Bl. 55.

veranlaßet, in dem ich nunmero biß in die 14 jahr meinen auffenbhalt in der Frembte geführt, aber niemand sich gefunden, der mich befördert hätte, anderes hat es ermangelt an guten Patrones, Drittens so hab ich mich von meinen Eltern gar nichts zugetrösten, denn alles hat Gott in Feuer weggenommen, Viertens so bin ich das Leben im Exilio müthe, Maßen ich nicht in demselben bin erzogen worden, noch viel weniger von einer solchen familie. Aber offt bricht die Noth Eisen, dann mit was vor worten sich ein Mensch, der im Exilio gehet, offtmahls muß abspeißen laßen, ist Gott am besten bekandt, sie durchschneiden Marck und Pein, Hertz und Seel, gemüth und verwürren die gedancken;

Wann dann mir hinterbracht, alß währe allhier vor den Pirnischen Thor ein Dienstgen offen, so Bitte ich unterthänigst, nochmahl nicht in Übel zunehmen, der ich mich unterwünde mit einem Hoch Edlen, Hoch- und Wohlweysen Rath durch diese meine schlechte und einfältige Schrifft zureden, Maßen ich in Tieffester Devotion vor Sie liege und dero Hülffe und gnade erwarte:

Ergehet denn hier an Einem Hoch Edlen, Hoch- und Wohlweysen Rath, mein gantz unterthänigstes Demüthiges flöhen und Bitten, Sie wollen aus ihren Augen, der Leibseeligkeit und Barmhertzigkeit, einen Hellglänzenden graden Blick auff mich, der ich bitte umb Brodt, fallen laßen, nnd mir, daferne Sie es gefällig, zu diesem Dienstgen allergnädigst verhelffen, daß Lohn von Christo zunehmen. Solche Hohe und große Gnade, ja Väterliche Vorsorge wird nicht nur alleine bey E. Hoch Edlen, Hoch- und Wohlweysen Rath, sondern auch bey den Lieben Ihrigen einen unaußlöschlichen Ruhm, nicht nur allein hier in der Zeit, sondern dort in der Ewigkeit erwerben, Denn Christus spricht, wer ein Kind auffnimbt in meinem Nahmen, der nimbt mich auff, auch soll meine Zunge nicht Stumm sein, Erstlich, daß er ihre Hertzen, Nämblich Gott, geneigt, daß mein sehnliches Bitten nicht verschmähet worden, darvor zudancken, vors andere, daß Sie alß Bätter vor mich gesorget haben; Christus Jesus wird es E. Hoch Edlen und Hoch- nnd Wohlweysen Rath mit Tausendtfältigen Segen Zeitlich und Ewig ersetzen und belohnen,

Nun ich zweiffle nicht, sondern Lebe dieser meiner Bitte, Gnädiger erhörung.

Alt-Dreßden, den 13. juny 1713.

Unterthänigster Diener
Johann Christian Weigel
gebürtig auß alt-Dreßden.

II.[1]

**Hoch Edle, Veste, Hochachtbahre, Hoch- und Wohlgelahrte,
auch Hoch- und Wohlweise,
Hochgeehrteste Herren, Hohe Patroni und Hochmögende Förderer.**

Ew. HochEdlen, Hochachtb. und Hochw. wird bestermaßen schon bewust seyn, wie der Armen Informator auff Rammische gemeine dieses Zeitliche geseegnet und dadurch diese Stelle erlediget worden ist. Wann demnach Ich nicht allein auff der Schule zu Torgau und Universität Wittenberg denen Studiis humanioribus mit allen Fleiß obgelegen, daß ich einmahl Gott und den Nächsten in der Schule dienen möchte, sondern auch beßwegen von Jugend auff und in die etliche 20, darunter 12 Jahr in Dreßden continuo die Jugend unermüdet und mit aller Treu informiret, aber auch sehr viel Creutz und Elend sonderlich allhier habe erdulten müßen und biß dato nebst meinem Weibe und 4 unerzogenen Kindern in größter Armuth leben, auch beyliegendes Attestat von meinem Verhalten in Lehr und Leben sattsam bezeugen wird. Alß ist an Ew. HochEdlen, Hochachtb. und Hochw. mein unterthänigst und flehentliches Bitten, Sie geruhen meine große Armuth zuvörderst erbarmend zu consideriren und das erledigte Schuldienst meiner Sorge anzuvertrauen. Ich werde darinnen nichts mehreres denn gottes Ehre und meiner untergebenen Armen zeitliches und ewiges Wohlseyn nechst gott zu befördern, äußerst bemüht seyn, dafür ich denn lebenslang gott umb reiche Vergeltung und allen ersprießlichen hohen Wohlseyn inbrünstig anflehen werde, der ich in tiefsten Respect verharre

Ew. HochEdlen Hochachtb. u. Hochw.

Dreßden, am 31. May 1713.   unterthänigst gehorsambster
Joh. Vollrath Neander
S. S. Theol. Cultor.

Auf das Gesuch selbst ist folgende Befürwortung geschrieben:

Daß Herr Johann Vollrath Neander ein frommer, fleißiger und gelahrter Studiosus theologiae sey, welcher viel Jahr nacheinander die kleine Jugend unermüdet unterrichtet und darbey in großer Armuth sein Leben hinbringen mußte, bezeugt mit Wahrheit sein Beichtvater   M. Polycarpus Kunad.

Das Attest, von welchem Neander in seinem Bewerbungsschreiben spricht, lautet:

Daß Herr Johann Vollrath Neander, S. S. Theol. Studiosus, Vier Jahr auff Rammischer Gemeinde sich auffgehalten und nicht allein eines frommen und Christlichen Wandels sich befleißen, sondern auch seine untergebenen in der

---

[1] D. R.-A. VIII 13b Vol. II Bl. 49.

Schule nach Pflicht und gewißen treu und fleißig informiret und Sie in ihrem Christenthumb sonderlich wohl und gründlich erbauet und zur Furcht Gottes ernstlich angewiesen, solches wird hiermit von uns Gerichten Rammscher Gemeinde Attestirt.

Dreßden, den 30. März 1713.

Burkhart Holzmann, Richter
Christian Schulze, Gerichtsschöppe.

III.[1]

Hoch-Edle und Hochweise Herren,
Insonders Hochgeehrteste Patroni!

Sie werden nochmals sich hochgeneigt zu erinnern wißen, wie daß ich Sie sub dato 20. Sept. mit einen gehorsambsten Bittschreiben wegen des H. M. Rohrs vacanten Stelle unterthänigst bin angegangen. Damit aber meine Wenigkeit bey Vergebung dieser Stelle in Hoch=geneigte consideration mit möchte gezogen werden. Als habe ich nochmahls mit diesen demüthigen Schreiben gehorsambst angehen wollen. Lebe auch der tröstlichen Hoffnung, Sie werden mich als ein hiesiges Stadtkind mit dieser vacanten Stelle Höchstgüttig ansehen. Dafür werde ich nicht ermangeln den Höchsten unabläßig anzuflehen, daß Er Ew. HochEdlen Rath zum Aufnehmen und Beförderung des Gemeinen Bestens noch lange Jahre in gesegneter Prosperität erhalten wolle. Der ich zugleich in gebührender submission lebenslang verharre

Ew. HochEdlen Raths

Dreßden, 28. Sept. 1715.

gehorsambster
Joh. Schubert Theol. Stud.
Dreßd. Misnii.

Bemerkung des Superintendenten D. Löscher:

Ist in der Exploration nicht also bestanden, daß ihm mit guten Vertrauen dergleichen Information zu committiren.

---

[1] D.R.=A. VIII 13b Vol. II Bl. 95.

D.
Eingabe Dresdner Armenschullehrer um Gehaltszulage.[1]

Magnifici, Hoch Edle, Veste, Hoch Achtbare, Hochweise und Rechts-Hochgelahrte Hochgebiethende Herren, Große Patroni,

Dieselben wollen hochgeneigt zu vernehmen geruhen, wie daß bey dieser Hoch- und weitgepriesenen Stiftung der Information vor so viele arme Kinder uns Informatoribus sonderlich bey itzigen schweren Zeiten und grossen Haußzinnß, bald an nöthigen Haußzinnß selbst, bald an Holtze, bald an der Kost und Kleidung mangeln, die 80 Gulden Salarium nicht zulänglich seyn, auch sonst weder durch die an der Zahl und Zahlung ungewiße Privat-Information oder freygebige Hertzen nöthige Zubuße fallen will; Alß haben wir unßer Bedürffnuß auf Dero Hohe Vergünstigung E. E. Hoch Edlen und Hochw. Rath wehmüthigst vortragen und in Ansehung dieses rühmlichen Gott zu Ehren und so vielen armen Kindern zu ihrer zeitlichen und ewigen Wohlfahrt gestiffteten Information um eine gnädige Erleichterung unserer bißherigen Sustentation ohnmaßgeblich durch Korn, Holtz oder selbst beliebige Mittel gehorsamst ersuchen, ja zuversichtlich getrösten wollen. Demnach gelanget an Sie, Hochgebiethende Herren, Große Patroni unser unterthäniges flehentliches Bitten uns mit gnädiger Hülffe bey der sauern Arbeit mit den unartigen Kindern wieder zu erfreuen. Wofür wir denn mit der uns anvertrauten Jugend ferner vor die Hohen Stiffter und Erhalter dieser Armen oder Frey-Schulen andächtig bethen und seufzen werden, daß Sie Gott, der reiche Vergelter alles guten mit beständig glücklicher Regierung und allem selbsterwünschten Hohen Wohlergehen wieder segnen und begnadigen wolle! Wornach wir lebenszeit verharren

Unserer Hochgebiethenden Herren und Großen Beförderer

Dreßden, den 5. Maji 1713.
unterthänig gehorsame

M. Franziskus Müller
Gottfried Koberstein, S. S. Th. Stud.
Johann Jacob Geißler, S. S. Th. Stud.

---

[1] D.R.-A. VIII 13b Vol. II Bl. 15.

E.
Demonstratio didactica.[1]

Darinnen zuersehen, wie diejenige Jugend in der von einem Hoch-Edlen und hochweisen Stadt-Magistratu zu Dreßden angeordneten frey-armen Schule vorm Pirnischen Thor auf der Ramschen Gemeine förderst zur wahren Pietät und Erkäntnis Gottes angeführet und hiernechst in Buchstabiren, Lesen, schreiben und Rechnen nach denen eingerichteten Stunden unterwiesen wird von dem zu Zeit daselbst gesetzten Informatore

Johann Michael Kreußiger,
S. S. Theol. Cultore, Thuma-Misnico.

Den 12. Sept. 1713.

In Nahmen Jesu!

Eingerichtete Schul-Stunden. Vor- und Nachmittag.

Montag Vormittag.

Damit ich nicht im Finstern tappe, und gleich als in der Nacht vergeblich arbeite, so werffe mit Petro mein Netze im Nahmen JESU aus und fange meine Horas und Schul-Labores allezeit mit vorhergehenden andächtigen Gebete an, welches dann auf folgende Art geschieht: Sobald die Schüler zusammen kommen, singe ich mit ihnen ein Morgen-Lied, nach Endigung deßen laße einen der Ordnung nach Lutheri Morgen-Seegen und etzl. Gebethe kniend, clara voce verrichten, die übrigen aber stehende, conjunctis manibus, tacite mit beten; ingleichen ein Haupt-Stück welches aus dem Catechismo gefällig ist und einige Sprüche, die sie übers Sontags-Evangelium wöchentl. nebst etzl. Fragen aus dem Christenthum bey mir gelernet, repetiren. Nach diesen muß ein andrer Knabe hierauf ein Capitel aus Lendrichs kleiner Historien-Biebel, deren kurtzen Inhalt, Wort-Verstand und wie es zu gebrauchen ich ihnen deutlich und kurtz durch Frag und Antwort einpräge, herlesen. Hiernächst examinire zugleich die Kinder, ob sie Sontags vorhero in der Kirche gewesen? was vor Lieder gesungen und was sie etwa aus der Predigt behalten haben? und sobann schreite gleich ad meos labores, welche ich nach Beschaffenheit der Schüler in vier Classes oder Ordnungen gesetzet, als

a) In der ersten Ordnung stehen diejenigen, welche das neue Testament und darinnen einerley Lection haben; In solchen laße sie anfangs Buchstabiren, damit sie besto geschickter zum schreiben erfunden

---

[1] D. R.-A. BVIII 13b Bl. 27 bis 36.

werden, nachmahlens aber auch das buchstabirte lesen. Ich procedire mit der ersten Ordnung folgender Gestalt: ich stelle diese alle um mich herum in die Stube, da dann der erste laut zu buchstabiren anhebt (aus dem neuen Testament) die andern aber müßen zugleich, doch alle sachte, nachbuchstabiren, biß die Reihe laut zu buchstabiren an einen jeglichen selber kömt, und damit sie gewohnet werden, auff ihre lectiones wohl achtung zu geben, so ruffe ich dann und wann einen Knaben außer der Ordnung auff und laße ihn fortbuchstabiren. Wenn dann ein jeglicher der ersten Ordnung besonders buchstabiret und gelesen, so laße sie auch zuweilen, ehe sie abtritt, alle Zehen auf einmahl lesen und das zu dem Ende, damit ich höre, ob sie auch alle überein, deutlich, langsam und distincte lesen, die Stimme erheben und fallen laßen, woran gewiß nicht wenig gelegen ist und so geschiehet es auch gleich sobald bey denen übrigen, als da folget

b) die andre Ordnung, in welcher diejenigen Knaben stehen, die in dem großen Catechismo nach obgesetzter Art im Buchstabiren und lesen prociren; bekommen bey Abgang nebst der ersten Ordnung die auff den künftigen Sontag gesetzten Sprüche von der Tafel abzuschreiben und zu lernen. Gleichergestalt kömt

c) die dritte Ordnung, verfahre mit dieser wie oben bey andern gedacht im Buchstabiren und lesen (woraus?). Dieser folgt endlich darauff auch die letzte als

d) vierdte Ordnung, welche ebenfalls wie alle obige Ordnungen einerley Buch und Lektion haben.

Die andere Stunde.

In dieser nehme

1. Die an der Tafel von mir hinangeschriebenen sonntäglichen Sprüche alle Montags frühe mit einer gar kurtzen Erklährung in Frag und Antwort bey denen Vier Ordnungen durch, damit die Kinder ihrem Verstande nach solche desto eher faßen lernen, laße auch diese einen und andern herbeten; vors

2. setze ich die noch übrige halbe Stunde Montags, Dienstags, Donnerstags und Freytags zur Catechisation aus; ich procedire aber hiermit also: ich nehme nach Anleitung des großen Dreßdnischen Catechismi ein Haupt=Stück nach den andern darinnen zuerklähren vor mir, beweise meine daraus gezogenen Fragen durch die Sprüche heiliger Schrifft und befleißige mich hiernechst alles und jedes pro captu discipulorum bestermaßen einzurichten.

Den Beschluß der Catechisation mache jederzeit mit einem kurtzen Seuffzer, Wunsche oder Gebetlein; hiernechst aber laße allemahl ein Haupt=Stücke aus dem kleinen Catechismo Lutheri, ingleichen etliche gelernte Sprüche, Fragen aus dem Christenthum oder aus des Herrn D. Günthers Himmels=Weg mit wiederholen, damit die Kinder auch das gelernte in recenti memoria behalten mögen; und weyl die Zeit vorbey, so wird mit einen demütigen Fußfall sämmtlicher Kinder, besonders von zweyen Knaben dem lieben Gott vor verliehene Gnade seines heiligen Geistes zum Lernen und Lehren in nachgesetztem Gebetlein, viva voce, gedanket:

>O Herr und Gott, wir danken dir
>Daß du so große Gnad jetzt hier
>Allen erzeigt und deinen Geist
>Zu diesem Lehren (Lernen) hast geleist.
>Ach hilff! daß diese Müh u. Treu
>Ja keineswegs vergebens sey
>Die man bißher an uns gewend
>Bring alles nützlich wohl zu End
>Auff daß wir wachsen mit der Zeit
>An Alter und Geschicklichkeit,
>Und endlich werden dir zum Preyß
>Recht schöne Bäum im Parabeyß! Amen.

Und bey jetziger Besorgl. Pest=Zeit wird zugleich das allgemeine Kirchen=Gebet um väterl. Verschonen unsres lieben Vaterlandes mit der Plage der Pestilenz Vor= und Nachmittag gebetet; nach diesem das Vater unser und dann hierauff alle zusammen mit lauter Stimme:

Herr Gott Vater im Himmel erbarme dich über uns pp. und
>Ehre sei Gott dem Vater, der uns erschaffen hat
>Ehre sei Gott dem Sohn, der uns erlöset hat
>Ehre sei Gott dem heiligen Geist, der uns geheiliget hat.

Endl. ein Lied oder nur auch zuweilen etzl. Verße daraus gesungen.

Die Nachmittags=Stunden werden jedesmahl, gleich als die Vormittags=Stunden wieder mit Gebete angefangen u. vollendet, welche in ein besonderes darzugemachtes Büchlein eingeschrieben zufinden.

Nachmittag.
Die erste Stunde.

a) Laße jederzeit, nach geendigten Gebet, vor der Lection, ein Hauptstück aus des Seel. Lutheri kleinen Catechismo, einige gelernte Fragen nebst etzl. sehr nötigsten Sprüchen repetiren.

b) Gleich darauf exerciren sich in dieser Stunde alle Nachmittage die Knaben u. Mägdlein in Nachmahlung der Grund=Striche, Buchstaben, Wörter, Sprüche und Vorschrifften; inwährender Zeit aber, da fast alle Vier Ordnungen schreiben biß nur auff 5, so laße unterdessen diese fünff auffsagen, hiernechst auch ihre nunmehro auff den künfftigen Sonntag vorgegebenen drei Sprüche und drei Fragen aus dem Christenthum herbeten, welche Sprüche und Fragen dann bey allen vier Ordnungen zu Ende jegliches Auffsagens die ganze Woche durch recitando observiret werden, damit durch ein fleißiges Vorsagen und Herbeten obgedachte Dinge endlich inculciret werden.

c) Diejenigen, welche mit ihrem Penso im Schreiben fertig, kommen damit hervor und exhibiren, was sie geschrieben, welches ich ihnen gleich sobald mit deutlichem Unterricht, wie dieser oder jener Buchstabe nicht recht gemacht, wo es in diesem oder jenem Zuge in der Höhe oder in der Breite versehen und wie es recht und beßer zu machen in ihrer Gegenwart corrigire. Zuweiln dictire obige erste Stunde auch wohl denen Untergebenen einen Brief, Historie, explicirtes Dictum biblicum, Vermahnung zum Fleiß, Gehorsam, wahren Pietät oder aus demjenigen Penso catechetico, welches auff bevorstehenden Sontag im Catechismi Examine vorkömt, die nöthigsten Fragen nebst denen darüber fürkommenden Beweißgründen heil. Schrift oder sonst ihnen was nützliches in einem appart hierzu gemachten Buche aus dem Kopffe in die Feder, damit die Kinder auch vor sich selbsten und nicht nur nach denen Vorschrifften alleine orthographice zuschreiben fähig gemacht werden, welches ich ihnen nachgehends more consueto zu corrigiren pflege.

Die andere Stunde.

Diese theile ich also ein, daß ich die eine Helffte zum Auffagen im Lesen, die andre Helffte aber zum Rechnen anwende:

1. Im Lesen wird mit denen Vier Ordnungen nach derjenigen Art, wie in frühe Stunden gedacht worden, producirt

2. Im Rechnen aber, welches besonders bey denen armen-frey Kindern mit zu exerciren von Jhro Magnificenz Herrn D. Löschern anbefohlen worden, verfahre ich nach Herrn M. Peschecken, des Zittauischen Gymn: Collegae herausgegebenen sehr feinen und deutlichen Anleitung. Ich setze aber den ganzen Catervam discentium in zwey Separationes: a) In der ersten Separation stehen die Incipientes, die erstlich anfangen, bey welchen denn sehr große Mühe und Gedult erfordert wird. b) In der andern Separation stehen die Progredientes, die allbereit ihre Fundamenta arithmetices wohlgeleget und dann nunmehro darinnen glücklich fortschreiten. Mit denen Incipientibus gehe ich also um, daß ich selbige ordentlich an die schwartze Tafel stelle, zeige ihnen vorhero die ganze Operation des Exempels mit der Kreyde auff der Tafel und hiernächst laße einen jeglichen besonders nach dem andern das gezeigte viva voce elaboriren, so lange, biß alle durchgegangen. Wo es nun zuweilen die Enge der Zeit nicht zuläßet, so fange ich wieder folgenden Nachmittag bey dem an, bey welchem ich aufgehöret habe. Denen Progredientibus, davon ich dann zur Zeit noch keine in horis publicis, als nur in privatis finde, dictire ich anfangs die Regel, laße solche ihnen lesen, wann selbige gelesen, forsche ich nach, ob sie die aufgeschriebene Regel von sich selber so verstanden, daß sie die von mir gegebenen Exempel ohne fernere Erklährung nachmachen können; wo nicht, so stelle sie gleichfalls vor an die Tafel und zeige ihnen die völlige Operation selber viva voce mit der Kreyde. Wann sie dann den Process des ersten

Exempels begriffen, so gebe ich ihnen Exempel zur Übung, welche sie alle nachmachen. Wann die auch fertig, so gebe ich ihnen eines aus dem Kopffe, das auch nach der Regel gemacht werden muß, sie dadurch auf die Probe zusetzen, ob sie die Regel recht verstehen. Solchergestalt procedire ich durch alle Arithmetische Regeln.

Die jetzt oberwehnte andre halbe Stunde im Rechnen setze zuweilen aus und wende solche nebst der noch apparten Vormittägigen letzten halben Stunde zur Catechisation an, nachdem ich dann finde, daß eine nöthige Lehre auff künfftigen Sonntag in publico Examine catechetico vorkommen will, alsdann nehme auch diese halbe Stunde auser denen Vormittägigen halben Stunden, ferner das Pensum catecheticum mit denen Untergebenen durch, damit ihnen die Materie bekant, die, über die in Catechismo befindl. Fragen gehörigen Sprüche explicando beßer inculciret werden, solche verstehen und selbiges zugleich zu den geistl. Leben, das aus Gott ist, appliciren lernen.

Zum Beschluß wird alle Nachmittag um Ihre Königl. Majest. Churfl. Durchl. und unßern Durchl. Königl. Printzen, ingleichen umb E. H. E. Stadt Magistratus und anderer unsrer frey-armen Schulen Patronorum sämtliche Wohlfarth Gottes in einem hierzu apparten Gebete fußfällig ersucht, ferner bei jetziger Zeit das Pest-Gebet, Vater unser, Herr Gott Vater im Himmel, Ehre sey Gott dem Vater pp. gesprochen und ein Lied gesungen.

Den Dienstag Vor- und Nachmittag

wird informando, wie Montags procediret nur daß die Untergebnen früh drey Fragen aus dem Christenthum, in Ermangelung der Bücher von der Tafel in ihre darzugemachte Büchelchen einschreiben und nachgehends solche durch das tägliche Vorbeten endl. behalten, welche bei dem in Buchstabiren und Lesen geschehenen Aufsagen nebst den wöchentl. sonntägl. Sprüchen jedesmahl von einem jeglichen auch zugleich mit wiederholet werden.

Am Mittwoch Vormittag.

Die erste Stunde

werden drey Fragen aus D. Günthers Himmels-Wege nach vorhergehenden Singen, Morgen-Gebet, Biebel-Lesen mit denen daruntergesetzten Beweiß-Gründen heil. Schrifft kürtzl. erklährt, denen Untergebenen nebst denen am Montag auffgegebenen wöchentl. Sontags-Sprüchl. und denen am Dienstag vorgelegten drey Fragen aus dem Auszuge des Christenthums bei jegl. Aufsagen im Lesen allemahl mit biß Sonnabends hinnhergebetet und durch dieß mein öffteres Vorbeten und repetiren endl. auch glückl. (sine ulla defatigatione memoriae) inculciret.

Die andere Stunde

Wird alle Mittwoch zu der sämtl. armen frey-Schüler und Schul-Mägblein Catechisation angewendet; Mit dieser aber gehet mein

Zweck dahin, daß ich vor allen Dingen der lieben Jugend die wahre Gottesfurcht als der Weißheit Anfang und ohn welche alles Studiren und Lernen nur Stück= und Flickwerk ist, wohl einzuprägen suche; sage und zeige denen Kindern, wie solche nicht bestehe in äußerl. Dienst, Geberden und Ceremonien, sondern in Außreutung der angebohrnen und angeerbten sündl. Art, in Ablegung des alten Menschen samt seinen Lüsten u. Begierden und in Anziehung des neuen und inwendigen Menschen, daß man Gott als das höchste Guth im Geist und in der Wahrheit anruffe, ehre, fürchte und liebe, und also die lernende Jugend nicht zu äußerl. und langweiligen Geplapper, sondern zur wahren Er= käntnüß und Furcht Gottes anführe und gewehne.

Der nunmehro in Gott wohlselig ruhende Herr M. Quirsfeld ehe= mals gewesener Archidiakonus zu Pirna erinnert bießfalls an einem Orte gar treulich sowohl seine in Christo erl. Amtsbrüder als auch unter andern die Praeceptores in Schulen daß sie doch wohl bedenken möchten, was für ein schweres Pfand sie auf ihre Seelen an ihren Untergebenen hätten u. wie sie schwehre Rechenschaft einmahl ablegen nehml. ihre eigne Seele für dießer Seelen dargeben müßen, die wegen Unachtsam= u. Nachläßigkeit unter ihrer Seelen=Sorge gelebt u. dahin gefahren wären; weßhalben er benn also schreibt:

Ach ihr lieben Praeceptores, es ist der Kern meines Amtes u. das einzige, so Noth ist bey meiner Jugend, daß ihr sie lehret recht wißen u. glauben, was zu ihrer Seligkeit nöthig ist. Unterlaßet ihr dieses, so wird Gott gar nicht ansehen ob ihr sie sonst in Sprachen u. freyen künsten gleich noch so gelehrt gemacht. Denn dadurch werdet ihr sie nicht in Himmel bringen. Gottes Augen sehen allein nach dem Glauben Jer. 5. Habt ihr aber das eurige bey eurer Jugend im Grunde ihres Christenthums gethan, so könnt ihr mit besto freudigerem Gewissen darauff auch andere nützliche Wissenschaften gute Künste und Sprachen bauen u. also eurem Schul=Amte ein Genüge thun, daß ihr einmal als treue Knechte möget die angenehme Stimme eures Gottes hören: Ey du frommer u. getreuer Knecht, du bist über wenig getreu gewesen, ich will dich über viel setzen, gehe ein zu deines Herrn Freude Matth. 5, 27.

Donnerstag Vormittag.
Die erste u. andere Stunde.

In diesen verfahre nach geendigten Singen, Beten u. Biebel=Lesen mit benen Lectionibus wie in vorigen Tagen, ohne, daß die Unter= gebenen alle Donnerstage frühe zu benen, voriger Tage aufgegebnen drey Biblischen Sontags=Sprüchl. dreyen Fragen aus dem Christen= thum nebst denen in Dr. Günthers Himmels=Weg, auch noch zuletzt wöchentl. aus dem Compendio oder sogenanten Außzuge des Dreßd= nischen Catechismi drey Fragen mit ebensoviel dazugehörigen Sprüchen als derer daruntergesetzten Beweißgründen auff nachfolgende Tage mit zulernen übernehmen, welches dann alles zusammen durch das tägliche u. öfftere Herbeten und deren Explication wohl und fertig beigebracht und nochmahlens auch quotidiana repetitione in recenti memoria puerorum unterhalten wird.

Donnerstag Nachmittag

Wird informando in denen beyden Nachmittags=Stunden von Montags verfahren.

Freytag Vormittag.
Die erste Stunde.

Nach vorhergehenden Singen, Morgen=Gebet und Biebel=Lesen nehme ich alle Freytage frühe diese erste Stunde den von Jhro Magnificenz Herrn D. Löschern vor die Dreßnischen Armen=Schulen auff=gesetzten Unterricht vom wahren Christenthum zur Hand, laße denen Knaben ein gewisses Pensum daraus lesen, explicire ihnen solches kürtzl, nachgehends aber gehe es durch Frag und Antwort mit Beweiß=Gründen heil. göttl. Schrifft durch; hierbey permittire meinen Untergebenen jederzeit, was sie nicht verstehen, zufragen; denn solches verursacht eine viel größere Impression, als wenn mann sie zum auswendig Lernen zwinge. Hierdurch werden auch selbige zum fleißigen meditiren und nachsinnen desjenigen, was sie lernen, gewehnet; Zudem wiederhole eine Frage zum öfftern, denn nichts ist, daß die Gedächtnüß bei denen Knaben sozusagen mehr schärffet oder vielmehr die Röhrlein des Gehirns offenhält, als die öfftere Repetition oder Wiederholung einer Sache.

Die andere Stunde.

Laße eine Ordnung nach der andern, wie in vorigen Tagen geschehen, aufsagen und zwar exerciren sich die größeren darinnen, daß sie von mancherley geschriebnen Händen Briefe lesen lernen. Hiernechst stelle gleich sobald alle Freytag Vor= u. Nachmittag einige Zeit zur Repetition u. Wiederholung aller derjenigen Lectionen aus, welche die Woche über auff einen jeden Tag vorkommen u. gelernet worden u. dieses geschieht auf folgende Art: anfangs nehme ich die erste Ordnung vor, da denn der primus rationem lectionum suarum memoriter recitando ablegt; ist er nun nicht so fleißig gewesen als der unter ihm sitzet, muß er dann seinen bißherigen Locum dem fleißigern cediren und so lange unter ihm sitzen, biß er mit seinem Fleiß ihn wieder übertrifft, und so gehet es durch die Banк, welches dann einem jeden in solcher Scheu und Furcht hält, daß dahero alle dahinn sehen, wie sie mir durch Fleiß emergiren und einer dem andern annulationem discendi machen möge. Nach der ersten Ordnung folgen die Untergebenen der andern, dritten u. vierten Ordnung und certiren ebenfalls wie die ersten.

Freytag Nachmittag.

Wird informando abermahls, wie in obigen Nachmittags=Stunden geschehen, procediret.

Sonnabend Vormittag.
Die erste Stund.

In dieser laße nach vollbrachten Morgen=Gesang und Gebete das Evangelium von denen größeren Discipulis auf den folgenden Sonn= u. Festtage auffschlagen zeige ihnen kürtzl. den Innhalt deßelben und was sie zu ihrer Erbauung zubehalten; stelle zugleich viele und unterschied= liche Fragen daraus vor, damit sie solches desto beßer faßen, verstehen und beantworten lernen, vermahne endlichen, daß sie als Kinder auch bey Zeiten die Predigten göttl. Wortes anzuhören, bald lieben sollen. Hiernechst müßen sie gleich sobald gewöhnl. Art nach aufffagen. Nach diesen wird gleich sobald

die andere Stunde

wie Mittwochs zur Catechisation ausgesetzet. Bey vorherigen Examine aber singe entweder ein Buß= Catechißmus- oder ander gut Lied; nach vollbrachten Singen knien die Kinder, conjunctis manibus, sämtl. nieder, da dann aus ihnen allezeit zwei große Knaben hervor= kommen und nachgesetzte Gebetlein in Nahmen aller zusprechen pflegen:

> Wir kommen jetzt zu Dir, o großer Gott, getreten,
> Und bitten Deinen Geist mit Andachts=vollen Beten,
> Regiere unser Thun und kehr mit Seegen ein,
> Daß wir bald faßen dieß, was uns kan nützlich seyn.
> Sey Jesu! stets bey uns und seegne unsre Jugend
> Laß Deine Kinder blühn an Gottesfurcht und Tugend:
> An Gnad und Gunst bey Dir, und bey der erbarn Welt
> So ists mit uns und mit den Unsern wohlbestellt.

Darnach das Vater unser und

> Herr Gott Vater im Himmel, erbarme dich über uns pp.

Nach geendigten Gebet treten zwey andre Knaben gegeneinander auff und beten repetitionis causa ein Haupt=Stücke her, aus dem kleinen Catechismo Lutheri, welches in der Ordnung fallet, und zugleich die über eben das hergesagte Haupt=Stücke kurtz gefaste und erlernte Fragen M. Quirsfelds, welche ich unter den Tittul des Christenthums wöchentl. bei den anfahenden Catechißmus=Schülern all= zeit brey oder vier lernen ließe.

Mit obgedachten Fragestücken des Christenthums bleibt M. Quirs= feld bloß bey dem Catechißmo Lutheri, behält auch meist seine Worte und hat nur die vornehmsten und nötigsten Fragen zusammen= getragen, daß daher alles, was zur Erkäntnüß unseres Heilß erfordert wird, darinnen enthalten ist, womit auch dießfalls die noch zarte Jugend bereit seyn kan zur Verantwortung jedermann, der Grund erfordert der Hoffnung, die in ihnen ist.

Sobald nun ein Kind den kleinen Catechismum Lutheri zulernen anfängt, so tractire also dann diese Fragen darbey zugleich mit ihn und mache dißfalls ein jedes Stücke hierdurch in Catechismo den Kindern recht verständig. Denn damit, schreibt seel. H. M. Quirsfeld ist es nicht ausgemacht, wann gleich ein Kind noch so fertig den Catechismum kan hersagen, der Verstand bleibt doch zurücke, und ist hernach die Frucht gar sehr schlecht. Dahero es also sehr nöthig, daß man ein Kind darbey öffters frage, ob und wie es dieses und jenes verstehe; und da ist's am besten, es bleibt bey dem Worte Lutheri.

Habe ich dann mit den Kindern bey diesen V Haupt-Stücken und darübergesetzten Fragen den Grund geleget, so nehme hernach mit weit beßern Nutzen den großen Dreßdnischen Catechismum mit den Sprüchen heiliger Schrifft vor mich und baue ferner auf diesen Grund, soviel der Verstand und Gedächtnuß der Untergebenen zuläst. Und eben dieses ist es, was in dem Examine catechetico auch vorige Sonnabends vorkömt. Nach geendigten Examine wird vor der Gnade und Beystand des heil. Geistes Gott dem Höchsten von zweyen Knaben auch wieder besonders in nachgesetzten Gebetl. gedanket.

Ach Jesu! laß doch diß, was wir gelernt bekleiben
Laß uns von Deiner Lehr kein Angst noch Furcht abtreiben
Ist uns ja was zu hoch, so mehre den Verstand
Auff daß dein reines Wort uns werde recht bekant
Laß uns gesund und frisch in Deiner Furcht erziehen
Gieb uns den wehrten Geist, daß wir die Laster fliehen.
Will uns die Welt von dir, Herr Gott! reisen ab,
So hilff, daß wir getreu Dir bleiben bis ins Grab.
Gieb daß die Eltern uns fein lang und glückl. leben
Und für uns sorgen stets; so haben wir daneben
Schon, was uns nützen kan; ach seegne ihren Fleiß
Daß Sie uns aufferziehn Dir selbst zum Ruhm und Preiß.
Wir bitten letzl. noch, bleib Jesu, bey den Deinen
Und schütz uns die wir es gar hertzl. mit Dir meinen:
Bewahr das Gottes-Hauß und die darinnen seyn
Und nimm uns allerseits bereinst in Himmel ein! Amen.

Vater unßer, der Du bist im Himmel pp.
Ehre sey Gott dem Vater, der uns erschaffen hatt pp.

Hierauff wird gesungen:
Sei Lob u. Ehr mit hohen Preiß pp.
oder
Nun danket alle Gott.

F.

Ein Schulgebet Löschers.[1]

Ein Gebeth,
welches täglich in denen Armen=Schulen nachmittags bey dem Schluß der Information und zwar Montags und Freytags nebst dem Vater Unser auf den Knien soll gebethet werden.

Lieber Himmlischer Vater, du heiliger und allmächtiger Gott, der du aus dem Munde der jungen Kinder dir ein Lob zurichten willst, höre doch in Gnaden um Christi deines geliebtesten Kindes willen unser armes Gebeth und Flehen, und komm uns zu Hülffe. Siehe HErr! Du hast uns in diesem Lande gebohren werden lassen, in welchem du das Licht deines Evangelii zuerst wieder angezündet hast. Deine rechte Hand hat daßelbe bis auf diese Stunde gewaltiglich erhalten; Unsere Eltern und wir haben dir dafür nicht mit solcher Liebe und Opfer gedancket, als es diese große Wohlthat verdienet, noch viel weniger haben wir würdig gewandelt dem Evangelio Christi; darum ist dein Zorn entbrandt über die Einwohner des Landes, und deine Gerichte rücken uns immer näher. Jedoch liebster Vater habe um Christi willen Gedult mit uns, und bleibe bey uns, weil es will Abend werden. (Du hast uns armen Würmern die Gnade erzeiget; daß wir aus Christlicher Liebe in deiner Erkenntniß von allen Guten unterrichtet werden. Ach! belohne es sowohl der löbl. Stadt=Obrigkeit als allen andern Wohlthätern reichlich und sey davor ihre Sonne und Schild. Wir sind also in deinem Nahmen und auf deinem Befehl hier beysammen und ruffen dich im Nahmen Jesu Christi an.)[2] Ach! erhalt uns Herr bei deinem Wort, mache die Anschläge der Feinde zu nichte und schütze dein armes Häufflein mit starcker Hand, daß wir einmahl in unsern erwachsenen Jahren dir als Evangelische Christen bey allem Wohlstand unsres Lieben Vaterlandes dienen können. Neige das Herz unserer Hohen Landes Herrschafft zu deinem Wort und zu uns, leite sie auf deinen Wegen und setze sie zum Seegen ewiglich. Laß deine Augen insonderheit offen stehen zum guten über den durchlauchtigsten Königl. Printzen. Ach Abba! Lieber Vater, erhöre doch das einfältige Kinder=Gebeth vor Ihm und hilff um Christi willen, daß er allzeit ein Kind Gottes und Bekenner der Evangelischen Wahrheit bleibe; Erhalte sein Hertz bei dem einigen, daß er deinen

---

[1] D.R.=A. BVIII 13b S.73.

[2] Eine Fußnote unter dem Gebete lautet: NB. Wenn daß eingeschlossene ausgelassen wird, können es auch andre fromme Kinder beten.

Nahmen fürchte. Schütze und segne ihn an Leib und Seele.[1] Ach Herr! höre es, Ach Herr! merke auf und verzeuch nicht um der allerheiligsten Wunden Jesu Christi willen. Amen!

G.
Revisionsbericht des Magisters Heße vom Jahre 1735.

Vorstellung,
die in denen Vor-Städten gelegenen Frey-Schulen betreffend.[2]

Nachdem ich der mir ausgefertigten und allergnädigst confirmirten Instruction zufolge die in denen Vor=Städten befindl. 5 Frey=Schulen einigemahl visitirt, als kan Ammts und Gewißens wegen denen Hochgeehrtesten Hn. Inspectoribus nicht verhalten, daß selbige größtentheils in schlechten Zustande angetroffen, daß daher wohl nötig seyn möchte, eine generale Verbeßerung dieses so nützlichen Instituti vorzunehmen, damit der großen Unwißenheit, die sich insonderheit bey der armen Jugend findet, einigermaßen abgeholffen werde. Ich habe daher wohlmeinend die eingeschlichenen Mängel anzeigen und wie selbigen etwa abzuhelffen unmaßgebl. Vorschläge thun wollen, dabey es aber der Einsicht der Hn. Inspectorum überlaßen, ob sie selbige anzunehmen oder nach Befinden zu ändern geruhen wollen.

Und zwar so will zuförderst nicht in Abrede seyn, daß offt die Eltern selbst schuld sind, daß die Unterweisung derer Armen=Kinder nicht so von statten gehet, wie zu wünschen, indem sie entweder die Kinder gar nicht in die Schulen, sondern lieber betteln schicken oder aber doch öffters von der Schule abhalten, welchen Übel dann sehr schwerlich wird abzuhelffen seyn. Doch kan auch nicht geleugnet werden, daß einige Praeceptores nicht den gehörigen Fleiß und Treue anwenden, die denn allerdings ernstlich darzu anzuhalten sind. Denn ich habe

a) befunden, daß in keiner einzigen Schule der gesetzte Numerus von 40 Kindern complet, sondern in denen meisten ziehmlich schwach und beläufft sich höchstens auf 20 Kinder ohngeachtet in denen Vorstädten eine große Anzahl armer Kinder auf den Gassen herumläufft. Nun beschwehren sich zwar die Praeceptores, daß die wenigsten Eltern ihre

---

[1] Bemerkenswert ist, daß bis zum Jahre 1717 in allen Gebeten die Fürbitte für den Kurprinzen, daß er der evangelischen Lehre erhalten bleiben möge, wiederkehrt. Die Tatsache, daß der Kurprinz bereits am 27. November 1712 zu Bologna vor dem Pater Salerno seinen evangelischen Glauben abgeschworen hatte, wurde den Untertanen sorgfältig verheimlicht.

[2] D.R.=A. BVIII 12b S.154.

Kinder zur Schule halten, auch die vielen Winckel=Schulmeister, die gar keiner Auffsicht unterworffen, die meisten Kinder an sich zögen. Allein es ist auch zu hoffen, daß wenn die Praeceptores selbst mehreren Fleiß in der Information anwendeten, auch denen Eltern und Kindern zuweilen einige freundliche Vorstellungen thäten und sich Mühe gäben, es ihnen auch so leichte an Schülern nicht fehlen würde; so aber, weil sie ihre gewisse Besoldung haben, laßen sie es sich nicht sonderlich angelegen seyn. Dahero mein unmaßgeblicher Vorschlag ist, daß man die Praeceptores wenigstens dazu anhalte, die völlige Anzahl alle Quartale dem H. Inspectori in der gewöhnl. Specification zu übergeben und ihnen drohe, daß widrigenfalls an der Besoldung ihnen etwas solle abgezogen werden. Dabey ich mir dann eine Abschrift von der Specification ausbitte, damit bey der Visitation nachfragen kann, ob die angegebenen Kinder vorhanden sind. Indeßen möchte auch wohl nöthig seyn, eine Untersuchung der Winkelschulen vorzunehmen.

b) habe ich befunden, daß etliche Praeceptores die Kinder nach ihrem Gefallen annehmen, ohne von dem H. Inspectore die Concession zu erhalten, welches um guter Ordnung willen nicht zu verstatten. Und weil theils Eltern dem Vorgeben nach sich nicht die Mühe geben wollen, wie sie sagen, viel darnach zu gehen, so will ich denen Hrn. Inspectoribus anheim stellen ob Sie belieben wollen, mir auffzutragen, daß die Eltern sich bey mir melden können und ich sie anweysen mag, wenigstens wird es dazu dienen, daß ich Eltern und Kinder kennen lerne und sie zu ihrer Schuldigkeit anhalten kann.

c) haben die Praeceptores sich beschwehrt, daß viele Eltern ihre Kinder entweder vor der Zeit aus der Schule nehmen um keiner oder geringer Ursache willen, oder sie doch auff einige Zeit zu Hauße behalten, ohne es anzuzeigen. Dahero die Eltern allezeit zu bedeuten wären, daß sie ihre Kinder so lange in der Schule laßen müßen, biß selbige zum heil. Abendmahl zu gehen tüchtig befunden werden, oder, wo sie ja genöthigt werden, selbige eher herauszunehmen, sollen sie solches dem Praeceptori wißen machen, damit andere an ihre Stelle können angenommen werden. Wo auch nur die Kinder auff einige Zeit herausbleiben müßen, soll es ebenfalls dem Praeceptori gemeldet werden. Da keine Zwangs=Mittel hierbey statt finden, wird wenigstens das Zureden nicht vergebens seyn.

d) hat ein jeder Praeceptor die Schul=Stunden nach seiner Willkühr angesetzet, so daß einer um 7, der andre um 8, der dritte um 9 Uhr zu informiren anfängt. Weil nun hierdurch nicht nur mir die Visitation schwehr gemacht wird, sondern auch viele andre incommodes darauß erwachsen, so halte vor nöthig, daß die Schul=Stunden alle zu einer Zeit und zwar lieber zu früh als zu späte angeordnet werden, damit die Eltern ihre Kinder hernach zu Hauße brauchen können.

e) Was insonderheit die Information selbst belanget, so hat ein jeder Praeceptor selbige nach seinen Einfällen eingerichtet, und die meisten haben Allotria getrieben, hingegen das Hauptwerk, insonderheit den Unterricht im Christenthum, sehr bey Seite gesetzet; wie denn etliche den Dreßbnischen Catechismum gar nicht tractiren, sondern nur die Evangelii und Episteln oder wenn es hoch kömmt, den Auszug erklähren. Dahero allerdings nöthig sein will, daß sie durchgehends angewiesen werden, auff eine Art die Information anzustellen. Zu dem Ende habe ich einen unmaßgeblichen Vorschlag hier beygeleget mit Bitte solchen, wo er vor gut befunden worden, denen Præceptoribus zuzustellen, und sie zu bedeuten, demselben gemäß sich zu begnügen, damit ich bey meinem Besuch sehen kann, ob die Præceptores und Schüler fleißig gewesen. Dabey ich dann erböthig bin, denen Præceptoribus alle Anleitung zu geben, auch das erstemahl selbst zu informiren und ihnen zu zeigen, wie die Information solle tractiret werden.

f) habe auch wahrgenommen, daß die Bücher, so in der Frey=Schule geschafft werden, sehr schlecht aussehen, ja theils gar verloren werden, dahero denen Præceptoribus anzubefehlen, daß sie mir von allen vorhandenen Büchern eine Specification zustellen, damit ich nach derselben fragen, auch, so offt ein Præceptor abgehet, sie übernehmen kan. Und weil

g) es auch vor diesem gewöhnl. gewesen, daß die Præceptores ihre Kinder in die Waysen=Kirche bey gehaltenem Examine geführt, solches aber bisher unterblieben, als will denen H. Inspectoribus freystellen, ob Sie solches wieder einzuführen belieben wollen; denn da izo wöchentlich zweimahl von mir Examen in der Kirche bei der Beth=Stunde gehalten wird, so könnte wenigstens allemahl eine Armen=Schule dabey erscheinen.

Dieses habe wohlmeinend erinnern wollen, der gewißen Hoffnung lebend, es werde solches denen Hochgeehrtesten Herren Inspectoribus nicht mißfallen, sondern zu weitrer Überlegung gütigst angenommen werden."

H.
Aus Löschers Predigtsammlung „Die Werke Gottes".[1]

Am ersten Weihnachtsfeiertag predigt Löscher über „Das wunderbare Werk Gottes, daß Menschen gebohren werden". Er erzählt unter anderem S. 89: An dem Rheinstrohm, in dem Chur=Pfältzischen, fande

---

[1] Die merkwürdigen Werke Gottes in denen Reichen der Natur, der Kunst und des Glückes: als eine nützliche Einleitung durch die Vorhöfe in das Heilige, Zur Verherrlichung des göttlichen Nahmens und gemeiner Besserung im Jahr 1722 geprediget und wie ein Auszug ans Licht gestellet und mit Sinn=Bildern gezieret von Val. Ernst Löschern, D. des Ober=Consistorii Mitgliede und Superintendenten zu Dreßden. 1724.

sich A. 1584 eine Adeliche Wittbe nach ihres Mannes Tode gesegneten Leibes und weil ihr Ehe=Herr ein grosses Vermögen hinterlassen, so sahen die Lehns=Vettern mit sonderlichen Augen auf ihre Niederkunfft. Sie brachte aber ein todtes Söhnlein zur Welt, welches bey ihr, der Mutter, grosses Trauern erweckte, die Anverwandten ihres Ehe=Herrn desto mehr erfreute. Diese letztern überfielen demnach das Schloß, jagten die Wittbe aus dem Wochen=Bette davon und liessen ihr nicht einmal so viel, daß sie ihren Leib recht damit bedecken konnte. In diesem Zustande nun gieng diese Bekümmerte und Trostlose davon, weil sie der grossen Anzahl ihrer Verfolger nicht gewachsen war. Nach einem Monat verspürte sie grosse Schmertzen; und da ihr kein Artzt helffen konnte, wurde ihr endlich gerathen, sie solte sich in einen, am Rhein gelegenen, Gesund=Brunnen begeben, welches sie auch thate. Sie gieng also, wie Maria, in ihrem elenden Zustande dahin, und weil sich damahls der grosse Churfürst, Augustus von Sachsen, mit seiner Hofstadt daselbst aufhielte, funde sie so wenig, als Joseph und Maria, Raum in der Herberge, sondern muste sich in einem Keller aufhalten. In diesem elenden Zustande überfielen sie gantz unvermuthet zehen Wochen nach der ersten Geburt von neuem die Geburts=Schmertzen. Solche Zeitung wurde in der Stadt kund und kam auch für den gleich damahls anwesenden Churfürsten, welcher sich ihres Zustandes genau erkundigte, und, weil er es als ein Werk Gottes betrachtete, das arme Weib mit tausend Thalern an baarem Gelde beschenkete. Da nun diese wunderbare Sache an den Chur=Pfältzischen Hof kam, wurde die Wittbe mit grossen Ehren und Freuden wieder zu den Jhrigen gebracht und in alle Güter wieder eingesetzet. Wenn solche Exempel immer vorfielen, möchte man vielleicht ein wenig aufmerksamer werden. Gott ist uns aber dergleichen nicht schuldig, und, wenn wir uns an seinen ordentlichen Werken nicht begnügen lassen wollen, so sind wir des überflüßigen und ausserordentlichen nicht einmal werth.

Wer Gottes Wunder=Hand bey der Geburt derer Menschen noch nicht erkennen will, der gedencke an die sonderbaren Umstände, da von Eltern viel Kinder auf einmahl öffters zur Welt gebracht werden. In der heiligen Schrifft wird insonderheit gedacht, daß Gideon und Ahab siebenzig Söhne gehabt. Haben nun Eheleute öffters nicht ein Kind, so soll man Gott preisen, wenn er sie andern in mehrerer Anzahl giebt und bedencken, daß es nicht bloß eines Mannes Willen sey; auch dem alten Adam bißfalls Einhalt thun, wenn er sich in liederlichen Geschwätz zu viel herausnehmen will. Zu unsrer Väter Zeiten hat sich zugetragen, daß zu Fetz in Africa eine Frau dem Vorgeben nach hundert und sechzehn Kinder auf einmahl zur Welt bracht, und der letzte König daselbst soll 600 Söhne gezeuget haben. Unsere Vorfahren haben ein grosses Wesen aus dem Ursprung der Guelfen gemachet, da nehmlich eine gräfliche Frau dreyßig Söhne auf einmahl gebohren, welche sie aber dergestalt gering geschätzet haben soll, daß sie dieselben ins Wasser zu tragen befohlen. Sie sollen aber aufgefangen und der Gräfin nachhero, da sie erwachsen, wiederum vorgestellet worden seyn. Man sagt, daß, weil sie anfangs vor junge Wölffe ausgeben worden, sie daher Guelfen genannt worden; Immittelst sind aus diesem Guelfischen Hause viel Gräfliche Häuser in Teutschland entstanden. Ich will die obige Erzehlung und die andere, so ihr gleich ist, von einer Querfurtischen Frey-Frau, wie auch von einer Holländischen Gräfin, nicht gantz verwerffen, aber doch wünsche ich, daß die Gelehrten sich um die Gewißheit dieser und andrer Begebenheiten mit mehrern Ernst bemühen möchten.

Aus dergleichen Dingen kann man sehen, daß Gottes Hand nicht verkürzet sey. In dem Alten Testament war es auch etwas rares, wenn zwey Kinder auf einmahl kommen sind, wie Esau und Jacob, und eben dadurch wollte Gott die Leute erwecken, auf sein Werk recht acht zu haben. Hierzu kommen endlich die besonderen Zeichen, welche Kinder zuweilen bey ihrer Geburt mit auf die Welt bracht. So brachte ein Chur-Sächsischer Printz ehemals ein + auf dem Rücken mit sich an das Licht der Welt, und dieses war Churfürst Johann Friedrich, der Beständige, welcher auch hernach genung Creutz ausstehen müssen, indem er nicht nur gefangen genommen, sondern auch der Chur beraubet, bey dem allen aber noch vor seinem Ende wieder eingesetzet worden.[1] Von denen Ptolomaeis und Seleucis, denen Königen in Egypten und Syrien, wird gemeldet, daß sie das Zeichen eines Ankers mit auf die Welt gebracht. Ja, möchte niemand sagen, das ist eine natürliche Sache. Ich weiß es auch, daß es in ein und andern Dingen geschieht; aber wie es zugehet, weiß niemand, zumahl, da es auch zuweilen auf späte Kindes Kinder fortgepflantzt wird. Wie so gar sonderlich und wunderbarlich es bey der Geburt des Heldenmüthigen Matthaei Visconti, des Stiffters der Maylländischen Macht vorgegangen, das berichten die Italiänischen Scribenten fleißig.

Lasset doch, ihr Menschen, die ihr dieses höret oder leset, von eurem sündlichen Thun ab. Lasset doch insonderheit ab, die Geburt der Menschen gering zu schätzen, und höret auf, damit übel zufrieden zu seyn, wenn euch Gott viel Kinder giebt.

Die Ausgießung des heil. Geistes am ersten Pfingstfeiertag zu Jerusalem gibt ihm Anlaß, über „merkwürdige Gebäude und aufgerichtete Wohnungen" zu sprechen. S. 531. Er erzählt von der Arche Noah, dem Thurm zu Babel, von ägyptischen und chinesischen Pyramiden, vom Schlosse zu Persepolis, von den Wasserleitungen der Römer, vom Tempel zu Jerusalem, von der Peterskirche, vom Dom zu Meyland, von den Kirchen zu Annaberg, Zwickau und Dresden und schließt: Wo nicht Gottes Geist regieret, wird der Bau umsonst geführet.

---

[1] Bezieht sich wohl auf Johann Friedrich den Großmütigen, der allerdings nicht wieder in die Kur eingesetzt wurde.

Der Text des Sonntags Misericordias Joh. 10, 12: „Ich bin ein guter Hirte" gibt ihm Gelegenheit von „den Schaafen" zu reden. Die Schafzucht in England und im Morgenlande wird eingehend behandelt; die Anwendung findet statt auf die Schafe und Böcke in der Christenheit. (S. 401.)

Die Worte aus dem Text vom großen Abendmahl „Ich habe 5 Joch Ochsen gekauft" leiten über zu einer Besprechung „Über nutzbare Thiere." Es wird in bunter Reihe geredet vom Rind, vom Calicut-Hahn, von den Wachteln, vom Zirknitzer See, vom Rennthier, vom Einfluß der Thiere auf den Menschen. „Die Gelehrten haben angemercket, daß die, welche die Thiere gar zu sehr lieben, auch in ihren Neigungen und Affecten etwas viehisches haben. Die öfftere Erfahrung hat gelehret, daß, wer sein Hertz zu sehr an Hunde und Katzen hänget, ordentlicher Weise und gemeiniglich zu grossen Lastern vor andern geneigter ist, besonders aber Sünden wider das fünffte Gebot durch Grausamkeit und wider das sechste durch Unzucht leichtlich begeht. Wer sehr grosse Lust zu Pferden hat, ist gemeiniglich zur Frechheit geneigt, welches sonst der wilden Pferde Eigenschafft ist. Wer demnach sich getroffen findet, der lege seinen Begierden einen Kappzaum an und bewahre sein Hertz, damit er nicht bey dem Vieh zum Vieh werde."

Bei Stephanus Steinigung wird gesprochen über die Todesarten, bei der Flucht des Jesuskindes über Frost und Kälte, bei der Königl. Hochzeit (zündete ihre Stadt an) über merckwürdige Feuersbrünste, bei Petri Fischzug über Fischereyen und Merkwürdigkeiten der Fische, insbesondere über den Walfischfang, beim ungetreuen Haushalter „Von Wechseln und Wechsel-Brieffen", beim Gichtbrüchigen (Sei getrost, mein Sohn, deine Sünden sind dir vergeben), von merkwürdigen Dingen, die bey der Sünde vorgegangen. „Im Afrikanischen Königreich Tetuan weiset man denen Reisenden einen Ort, da viele Menschen und Vieh zu Steinen worden; welche man allein in einer garstigen Positur antrifft, also daß es scheinet, als hätten sie Sodomitische Unzucht mit dem Vieh getrieben. Wollte jemand sagen, es wäre vielleicht aus Steinen mit Fleiß gehauen, so kan dieses nicht seyn, weil viele Meilen daselbst herum keine Stein-Brüche anzutreffen sind. Was Gott an der jüdischen Nation erwiesen, ist bekannt; denn diese hat Gott so gestrafft, daß sie muß unstät und flüchtig seyn auf Erden und wo man einen Juden antrifft, da siehet man auch Gott den Vater mit seiner ausgestreckten Strafhand über ihn. Es haben ja diese Leute, nebst dem Gestanck, besondere Strafzeichen an ihrem eignen Leibe, einer an diesem, der andere an jenem Orte. O daß man hierauf möchte Gottes gerechten Zorn wider die Sünde erkennen! Denn so würde man die Vergebung der Sünde suchen und sich vor Sünden hüten." (S. 897.)

J.
Die Ordnung im Waisenhause um das Jahr 1726.[1]

Es dienet also zur Nachricht, daß dieselben (die Waisenkinder) Sommers-Zeit um 5 Uhr, Winters aber um 6 Uhr früh durch den Glockenklang vom Informatore aufgewecket werden, da ihnen denn zum Ankleiden, Waschen und Kämmen $1/2$ Stunde Zeit gelassen wird. Nach dem verrichten sie ihr Morgen-Gebeth in der Schul-Stuben in 4 Reihen stehende und singen 1. ein Morgenlied, hernach bethen sie alle zusammen mit lauter Stimme 2. den Morgen-Seegen ausm Catechismo Lutheri, 3. das Vater unser, 4. den Christl. Glauben, 5. nachfolgende drey Gebethe als: Liebster Gott, auf dein Geheiß; Herr Jesu, führe mich; Erleuchte mich, mein Gott. Dann tritt ein Kind von den Grossen aus der Reihe herfür und bethet memoriter: 1. Ein Gebeth vor des gantzen Landes und aller Wohlthäter Wohlergehen, 2. Ein Haupt-Stück des Catechismus Lutheri nebst der Auslegung; 3. einen Bnß-Psalm; 4. das bekannte Gebeth: Ach lieber Herr und Gott, ich lebe. Ferner fallen sie alle auf die Knie und bethen mit lauter Stimme: 1, Herr, höre mein Wort; 2. Vater unser; 3. Herr Gott Vater im Himmel, erbarme dich über uns. 4. Singen sie entweder: O du grosser Gott, erhöre oder Christe, du Lamm Gottes. Hierauf gehen sie an ihre Arbeit, welche bestehet in Zeugwürken, Strumpffstricken, Wollkämmen und Schrapeln, ingleichen im Wollspinnen bis $1/2$ 8 Uhr. Darnach bekommen sie in der Schul-Stuben das Morgenbrodt, wobei sie bethen und singen, wie Mittags soll gemeldet werden. Um 8 kommen die Hälffte Knaben in die Schule, welche mit einem geistlichen Liede und folgendem Gebethe: Herr, lieber Gott und Vater, in deinem Nahmen fahen wir abermal unser Studiren an; angefangen und hinwieder mit einem Geistlichen Liede und einem also lautendem Gebethe: Frommer Gott, lieber Vater, wir sagen dir Lob und Ehr, beschlossen wird. Und lernen sie in solchen Schulen buchstabieren, lesen, schreiben u. s. w. ferner den Catechismum Lutheri, M. Grünwalds erste Buchstaben und Titul der christl. Lehre: Wie auch bibl. Sprüche, so sich allemal aufs Evangelium schicken; Sie werden auch täglich in Erklärung des Dreßnischen Creutz-Catechismi unterwiesen und währet diese Schul bis 10 Uhr. Die übrigen Kinder arbeiten; bey währender Arbeit (d. h. ohne Unterbrechung der Arbeit) wird alle

---

[1] Das fast auf den höchsten Gipfel seiner Vollkommenheit und Glückseligkeit prangende Königl. Dreßden in Meissen oder Iccanders Kurtze doch deutliche und nervoese Beschreibung derer in dieser Welt bekannten Wittekindschen Residenz. 3. Edition 1726. S. 126.

Stunden bey dem Glocken=Schlag gebethet: Herr, Höre mein Wort — Vater unser, Herr Gott Vater; und ein Lied gesungen. Um zehn Uhr gehet die übrige Helffte Knaben in die Schule, verbleiben allda bis 12 Uhr und erhalten, wie die erste Helffte, Information. Um 12 genießen sie allerseits in der Schul=Stuben die Mittags=Mahlzeit, welche bestehet: Sonntags und Mittwochs in gekochten Fleisch und einem Zugemüse wie auch in einem Trunke Bier; die übrigen Tage aber bekommen sie jedesmaln ein Zugemüse und etwas Käse oder Butter wie auch Kofend. Vor der Mahlzeit wird gebethet: 1. Aller Augen; 2. Vater unser; 3. Herr Gott, himmlischer Vater; 4. Herr Gott, Vater im Himmelreich; 5. Komm Herr Jesu; 6. Für einen bösen schnellen Tod. 7. Wird ein Capitel aus dem Jesus Syrach gelesen. Nach der Mahlzeit wird gebethet: 1. Danket dem Herrn. 2. Vater unser. 3. Wir danken dir. 4. Der Nahme des Herrn. 5. Wir danken Gott. 6. Lobet den Herrn alle Heyden. 7. Ach bleib bei uns. 8. Wird ein Tischlied gesungen. Worbey zu gedenken, daß hier allemal ein grosses Kind um das andere nach der Reihe bethet und liest. Früh und Abends aber bethet ein kleines Kind um das andere und wird der Syrach nicht gelesen. Schlüßlich bethen sie alle knieende mit lauter Stimme: Herr höre mein Wort; Vater unser; Herr Gott Vater. Um ein Uhr halten sie Beth=Stunde auf folgende Art: 1. Wird ein Buß=Lied gesungen. 2. lieset der Informator ein Capitel aus Joh. Arnds seel. wahrem Christenthum vor. 3. fallen sie auf die Knie und bethen ein Gebeth vor das gantze Land und alle Wohlthäter, so ihnen der Informator ebenfalls knieende vorlieset, stille nach; dann bethen sie mit lauter Stimme 4. Herr höre. 5. Vater unser. 6. Herr Gott, Vater. Nach diesem stehen sie auf, singen 7. ein geistlich Lied und beschliessen 8. entweder mit Gott sei uns gnädig oder Christe, du Lamm Gottes. Um 2 kommen die Mägdlein in die Schule und werden dieselben bis 4 Uhr wie die Knaben informiret, nach diesem gehen solche auch wiederum bis 7 Uhr an die Arbeit. Um 7 Uhr empfahen sie die Abendmahlzeit, bey welcher es mit Lob= und Danksagung wie Mittags gemeldet, zugeht. Nach dessen Endigung wird ihnen zur Recreation auf dem Hof zu spielen erlaubt bis 9 Uhr. Alsdann verrichten sie ihre Abend=Andacht in der Schul=Stube: Nur daß 1. anstatt des Morgen=Seegens der Abend=Seegen gebethet und dergleichen Lied gesungen, 2. anstatt des Gebeths Liebster Gott, auf dein Geheiß ein Abend=Gebeth: Vater, der du mich erschaffen, gesprochen wird. So gleich gehen sie in Gottes Nahmen in ihre Kammern schlaffen.